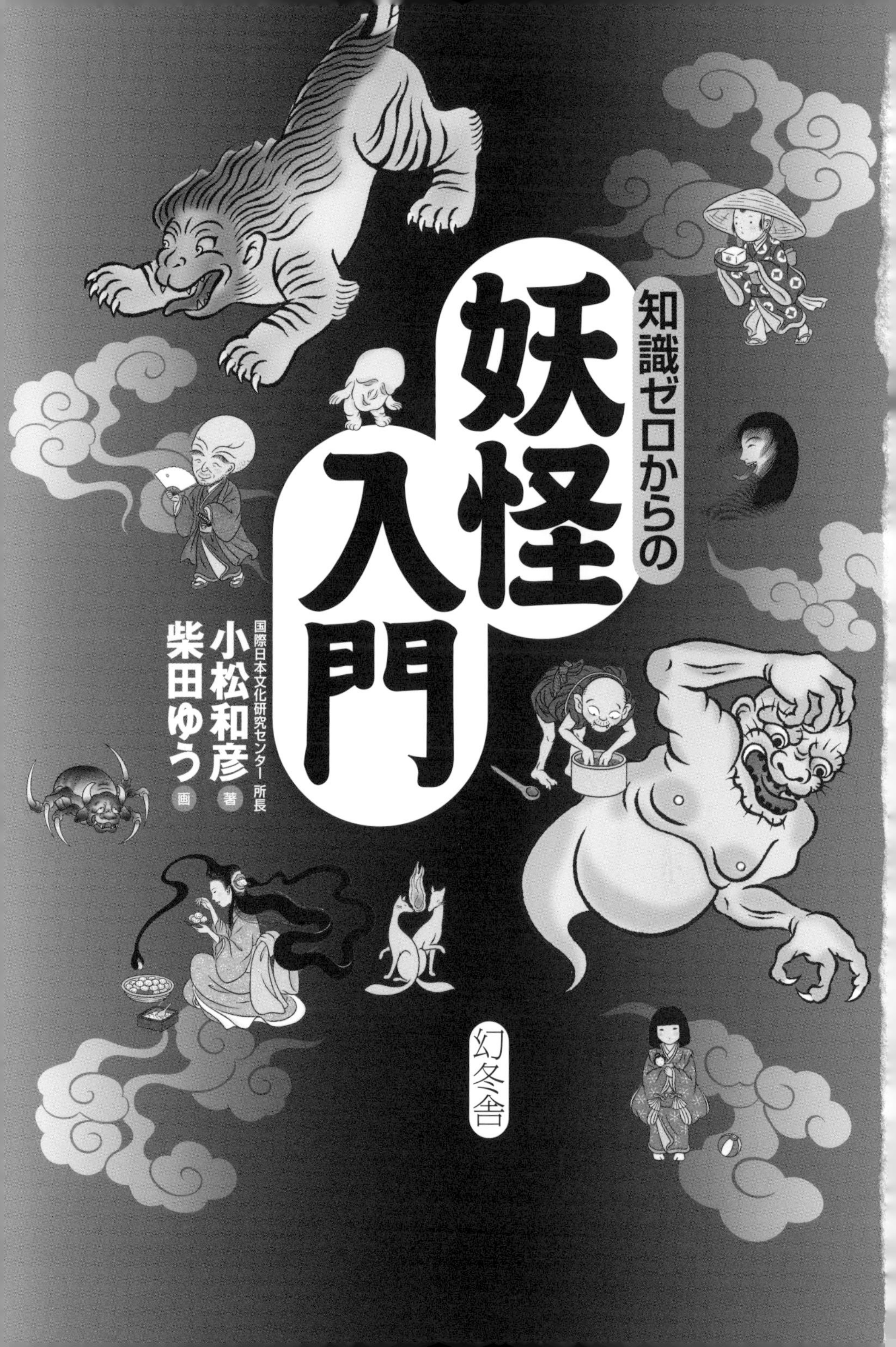

知識ゼロからの

妖怪入門

国際日本文化研究センター 所長
小松和彦 著
柴田ゆう 画

幻冬舎

妖怪たちの世界

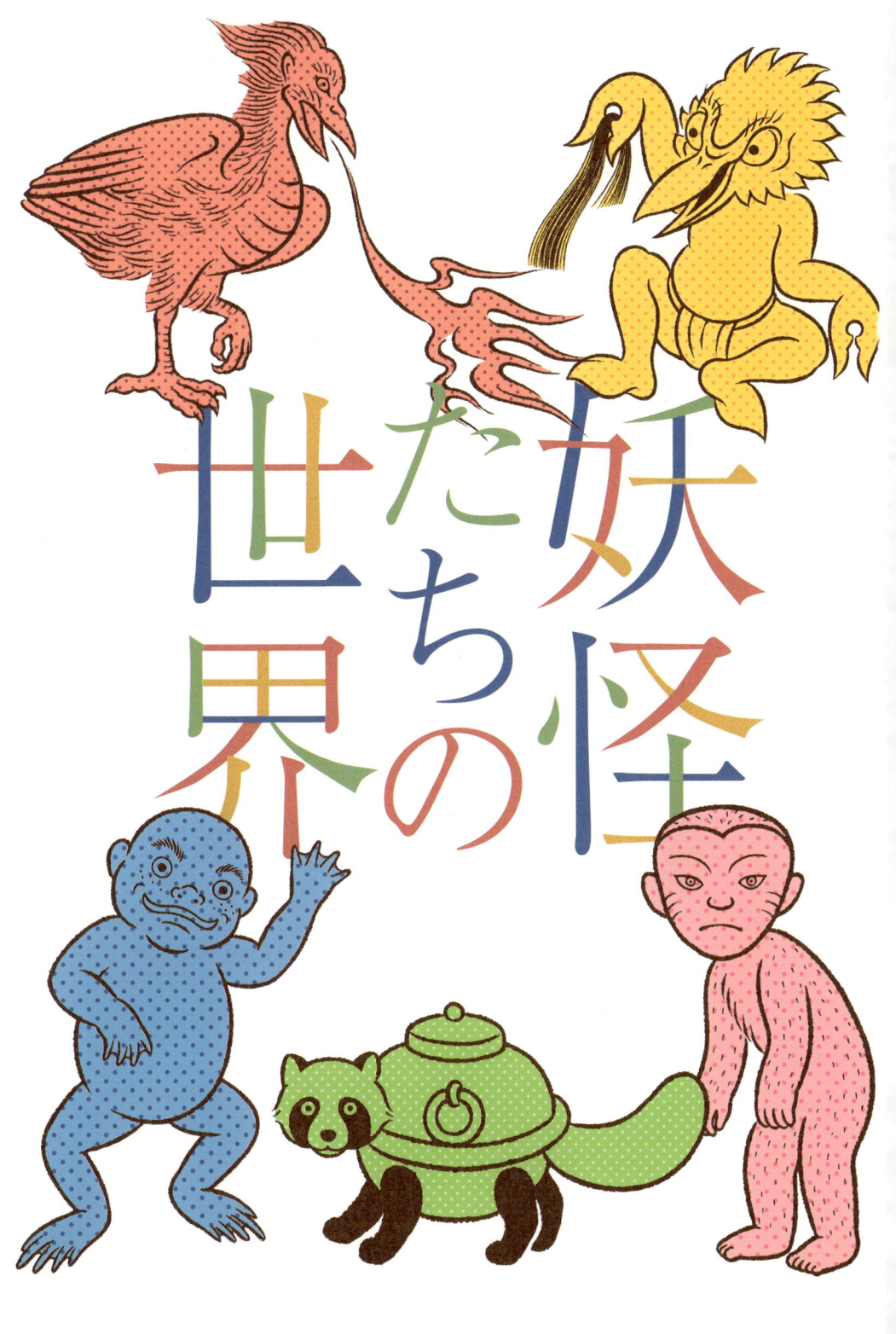

妖怪 FILE 01

ぬらりひょん

妖怪たちの総大将？
大きな禿げ頭が特徴

鳥山石燕《とりやませきえん》の『※1画図百鬼夜行《がずひやつきやこう》』をはじめとする江戸時代の妖怪本では、大きな禿頭《とくとう》をもつ、商人風の上品な着物または袈裟《けさ》をまとった老人として描かれている。どこからともなく現れて家に上がり込み、お茶を飲んだり、煙管《きせる》をふかしたりするといわれるが、その正体は不明。妖怪の総大将とする説もある。

妖怪データ

ぬらりひょん
（ぬらりひょん）

別名　ぬうりひょん

出没地　全国

大きさ　人間の大人くらい

その他
人の家に勝手に入り、わが家のようにくつろぐ

※1「えずひゃっきやぎょう」とも読む。

Column

海坊主の仲間!?

岡山県の伝承によると、ぬらりひょんは海坊主の一種。人の頭の大きさほどの玉を水面で浮き沈みさせて、それを取ろうとする船頭たちをからかうそうだ。

妖怪 FILE 02

小豆あらい

水辺に出没する 姿の見えない妖怪

川のほとりで「ショキショキショキ」と小豆《あずき》を磨《と》ぐような音が聞こえたら、それは小豆あらいの仕業かもしれない。小豆あらいは基本的に姿を現すことはなく、人畜無害とされている。しかし、「小豆磨ごうか人取って噛《か》もうか」といった歌が聞こえたら要注意。歌の主を探そうとすると必ず川にはまり、命を落とすという。

妖怪データ

小豆あらい
（あずきあらい）

別名	小豆磨ぎなど多数
出没地	全国
大きさ	不明

その他
「小豆こし」「小豆さらさら」など、呼称が多数ある

Column

小豆あらいの歌

小豆あらいの歌は各地で違う。長野県では「小豆磨ぎやしょか、人取って食いやしょか、しょきしょき」、新潟県では「小豆磨ごうか人取って噛もうか」。

妖怪 FILE 03

ふた口女

後頭部に受けた傷がやがてもうひとつの口に

後頭部に口がある女の妖怪。桃山人《とうさんじん》著『絵本百物語』によれば、正体は先妻の子を餓死させた女で、継子《ままこ》の死後49日目に後頭部に受けた傷が口のようになった。傷口は毎日決まった時刻にひどく痛んだが、食べ物を入れると不思議と治まる。やがてその傷口からは、継子殺害を反省する言葉が聞こえてきたという。

妖怪データ

ふた口女
（ふたくちおんな）

別名	飯食わぬ女房など
出没地	全国
大きさ	人間の女性くらい

その他

蛇のような髪を使って後頭部に食べ物を入れる

Column

女性の二面性の象徴!?

ふた口女は昔話にも登場しており、その正体は山姥《やまうば》や蜘蛛《くも》となっている。これらの伝承から、ふた口女の頭の口は女性の二面性の象徴であると考えられている。

妖怪 FILE 04

雪女

妖怪データ

雪女
(ゆきおんな)

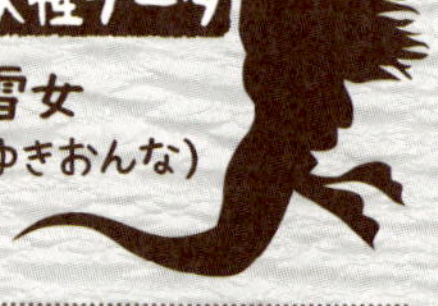

別名	雪おなご、雪女郎など
出没地	雪の降る地域
大きさ	人間の女性くらい

その他
雪の降る晩や吹雪《ふぶき》の夜に現れることが多い

9

全国各地に出没
恐ろしい一面も

豪雪地帯だけでなく東京や九州まで、全国各地に言い伝えが残る雪の妖怪。色白の美女であることが多いが、性格にはかなりばらつきがあるようだ。「嫌がる嫁を風呂に入れたら、細い氷柱《つらら》だけが残っていた」という無害な雪女がいる一方で、「出会った者の精を抜く」「子どもの生き肝を食べる」という怖い雪女もいる。

Column

雪女のラブストーリー

正体を隠して人間の男と夫婦になった雪女が、愛する夫と子どもを残して消えてしまう――。有名なこの話は、小泉八雲の『怪談』が初出といわれている。

妖怪FILE 05

狐火

不可思議な灯火が連なる「狐の嫁入り」は壮観

火の玉に代表される怪火現象のうち、狐がおこすとされるのが狐火だ。狐が口先に火の玉をくわえている、尾に点火している、動物の骨を松明《たいまつ》

妖怪データ

狐火
（きつねび）

別名	なし
出没地	全国
大きさ	不明

その他
狐火の原因には諸説あるが、完全には解明されていない

にしているなど、ひと口に狐火といっても火のおこし方はさまざま。複数の狐火が行列して見える場合もあり、これは特に「狐の嫁入り行列」「狐の提灯《ちょうちん》行列」と呼ばれる。

Column

狐火の数で豊作を占う

江戸の王子稲荷（現・東京都）は狐火の名所。大晦日《おおみそか》には壮観な狐火が見られたとか。近所の農民たちは、その狐火の数で翌年の収穫を占ったという。

11

妖怪
FILE
06

豆腐小僧

妖怪データ

豆腐小僧
（とうふこぞう）

別名	こわくない小僧
出没地	江戸、鹿児島
大きさ	人間の子どもくらい

その他
雨の日の道端で、見かけることが多い

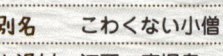

Column

豆腐を食べるとどうなる？

別名の「こわくない小僧」は、豆腐が固《こわ》くないことから。豆腐小僧がもっている豆腐をうっかり食べると、体中にかびが生えるとも伝えられている。

13

気弱でいじめられっ子 江戸随一の人気者

江戸時代の読み物や玩具《がんぐ》に登場する人気妖怪。笠《かさ》と手にもった豆腐がトレードマークで、雨の夜に人間のあとをつけたりするが、特に悪さをするわけではない。気が弱いうえに少し抜けたところがあり、ほかの妖怪にいじめられたり、大切な豆腐を落としたりする。よく似た妖怪にひとつ目小僧、大頭小僧がいる。

妖怪 FILE 07

猫また

妖怪データ

猫また
(ねこまた)

別名　なし

出没地　全国

大きさ　猫ぐらい

その他
飼い猫は年をとると山に入り
猫またになるという俗信も

Column

化け猫と猫またの違い

化け猫と猫またの違いは尾が分かれているかどうか。それ以外に明確な違いはないようだ。佐賀県で起きた「鍋島化け猫騒動」は歌舞伎の演目にもなっている。

鎌倉時代の人々も恐れた2つの尾をもつ猫

年を経た猫が妖怪になったもの。尾が2つに分かれているのが特徴で、性格は基本的に凶暴。古くから人間を襲う妖怪として恐れられており、鎌倉時代の歌人・藤原定家の『明月記』にも、猫またが出現し、一夜に7~8人を食らったと記されている。富山県の猫又山のように、猫また伝説が地名になっているところもある。

妖怪FILE 08

座敷わらし

幸運を招く幼い子どもの妖怪

岩手県を中心とした東北地方には、座敷わらしの伝承や目撃情報が多い。それによれば、姿は3～12歳くらいの女の子もしくは男の子で、髪型はおかっぱ、着物を着ているらしい。この座敷わらしがいる家は繁栄し、出て行くと没落するといわれている。

寝ていると枕を動かす、物音を立てるなど、いたずらをすることも。

妖怪データ

座敷わらし
（ざしきわらし）

別名	座敷ぼっこ、蔵ぼっこなど
出没地	東北地方
大きさ	人間の子どもくらい
その他	座敷わらしが出るという旅館もある

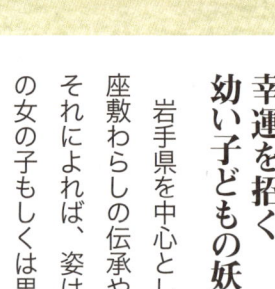

はじめに

妖怪がブームになっています。妖怪たちはさまざまなメディアに登場し、フィクションの世界でも大活躍しており、各地の博物館や美術館では趣向をこらした展覧会が開かれています。この背景には、宮﨑駿氏のアニメ映画や水木しげる氏のマンガが果たした役割が大きいと考えられますが、最近では「妖怪ウォッチ」の爆発的な人気なども影響しているようです。

私は「妖怪文化は、日本が世界に誇ることができるほど豊かな文化である」「妖怪文化の理解なくして、日本文化をふところ深くまで理解することはできない」との信念をいだいて、若い頃から研究してきました。しかし、学問の世界では、妖怪を迷信に由来する低級な文化との見方が根強く、科学的な生活を営む現代人には無用なものであり、世の中が進歩するにつれて姿を消していくものなのであって、まじめに研究するに値しないと見なされていました。たしかに、現代では昔のように妖怪の実在を信じる人は、もはやほとんどいません。不思議なことに出会っても、それを妖怪の仕業だとは考えないでしょう。

しかしながら、私たちは、自覚的に自分たちの生活のなかに妖怪を取り戻そうとしています。現在の妖怪ブームは、「文化」としての妖怪の回復と新展開の動きなのです。そして、それに後押しされるように、妖怪研究もようやく活発になってきました。

それにしても、どうして妖怪が復活してきたのでしょうか。このことを考えるためには、そもそも妖怪とは何なのか、その歴史はどうなっているのか、妖怪と神や幽霊との違いはどこにあるのか、どんな種類の妖怪がいるのか、妖怪にはどのようなメッセージが託されているのか、といったことを丹念に探ることからはじめるしかないでしょう。

この本は、そのためのほんの入り口にすぎません。これを足がかりに、想像力豊かでより奥深い妖怪文化の世界へと足を踏み入れていただければと思います。それによって、なぜ日本人が妖怪を必要としてきたのかという理由を、きっと見つけ出せるはずです。

２０１５年７月

小松和彦

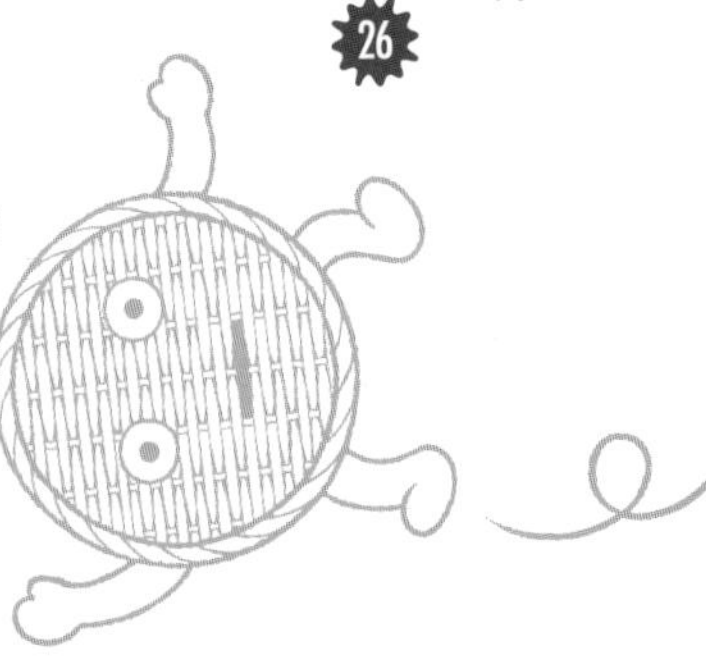

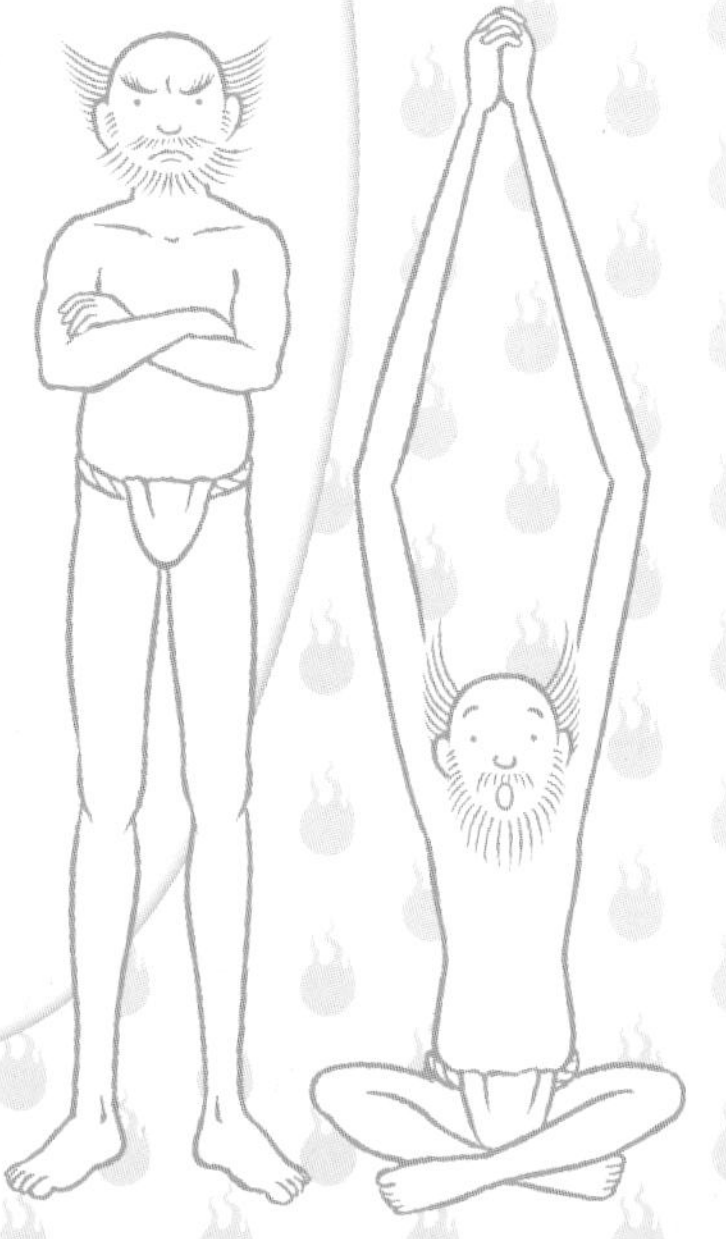

※「古典妖怪」「伝承の妖怪」「都市伝説の妖怪」および「日本全国妖怪マップ」に関しては諸説あります。編集部独自の取材により分類していますのでご了承ください。

第1章

日本に棲む古典妖怪

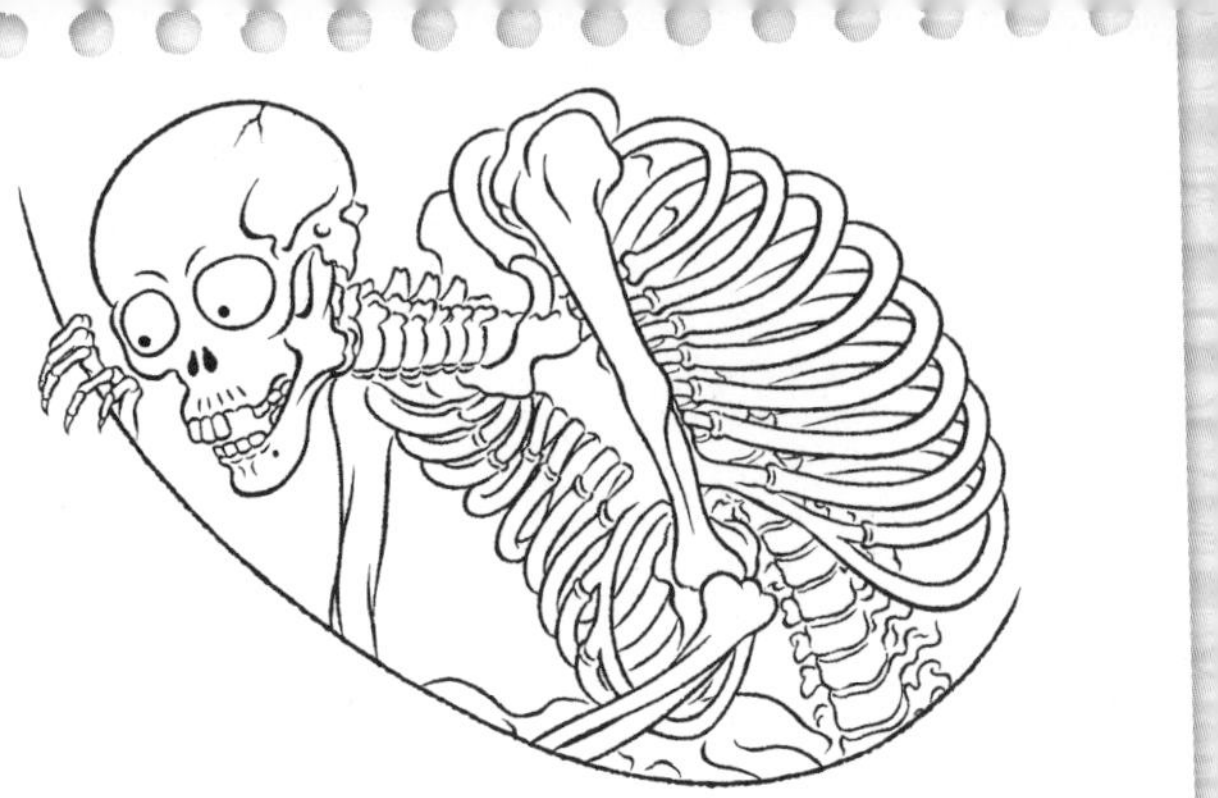

妖怪たちの世界

22

日本には、妖怪にまつわる伝承が数多く伝わっている。「怪異・妖怪伝承データベース」（国際日本文化研究センター）は、民俗学に関する調査などでこれまでに報告された怪異・妖怪の事例をまとめたものだが、ここに収録されている実例データは、実に3万5000件以上に上る（2015年4月現在）。古来、日本人は、数え切れないほどの妖怪が、自分たちのごく近くにひっそりと棲息していると信じてきたのだ。

たとえば、日本人なら『ゲゲゲの鬼太郎』（水木しげる著）を知らない人はいるまい。デフォルメされたキャラクターやオリジナルも少なくないが、古くから「いる」と信じられていた妖怪を、水木しげる氏がキャラクター化したものもある。砂かけばばあや子泣きじじいなどは、水木しげる氏の絵でその姿を記憶している読者も多いはずだ。日本にはそんな「誰でも知ってい

る」妖怪たちがたくさんいる。

また、学校や地方の七不思議や都市伝説に登場する妖怪もいる。トイレの花子さんにおびえ、人面犬の目撃情報に興奮した人もいるだろう。

一方、民俗学的な側面から、妖怪と地方文化は切っても切り離せない。鬼や狐、狸《たぬき》、天狗《てんぐ》といった全国に点在する伝統の妖怪たちはもちろん、北海道のコロボックルや島根県の八岐大蛇《やまたのおろち》、沖縄のキジムンなど、その地方に特有の歴史と結びつく土着の妖怪たちも現代まで、諸説言い伝えられている。

これは日本人が従来もつ、豊かな想像力の賜物《たまもの》であろう。伝統と現象、そして言い伝えを具現化し、姿を当てはめ、残してきたのだから。諸説あるなかで絵師たちが可能なかぎり可視化し、後世に伝えてきたように、本書では、絵師・柴田ゆう氏がさまざまな資料を参考に、バラエティ豊かに描いてくれている。

いざ、妖怪の世界へ。この恐ろしくも美しく哀しく、ときにはおかしな生き物たちの世界を、存分に味わってほしい。

妖怪 FILE 09

枕がえし

妖怪データ　枕がえし
（まくらがえし）

別名	枕小僧
出没地	全国
大きさ	人間の子どもくらい
その他	鳥山石燕の『画図百鬼夜行』には「反枕」とある

枕を返されると夢から戻れなくなる

寝る前は頭の下にあった枕が、朝、裏表逆になっていたり、思わぬところに移動していたら、それは枕がえしが枕を動かしたのかもしれない。

枕がえしは、子どもや坊主のような姿をしていることが多いようだが、鳥山石燕著『画図百鬼夜行』では、小さな仁王のような姿で描かれている。呼び名も地域によって違いがあり、静岡県西部地方では「枕小僧」と呼ばれる。当地の言い伝えによれば、枕小僧は家に棲み付く霊のようなものらしい。また、東北地方では、就寝中に枕の位置が変わるのは、座敷わらしの仕業だと考えられている。

「たかが枕を動かすだけなら怖くもなんともない」と侮《あなど》ってはいけない。古来、枕は、魂をこの世から夢の世界へ移動させる呪具とされた。つまり、寝ている間に枕が動けば、魂は夢の世界から帰ってこられなくなるのだ。和歌山県の龍神村には、枕を並べて寝ていた7人のきこりが、就寝中に枕を返されてしまったがために全員死んだという伝説がある。

妖怪 FILE 10

一反もめん

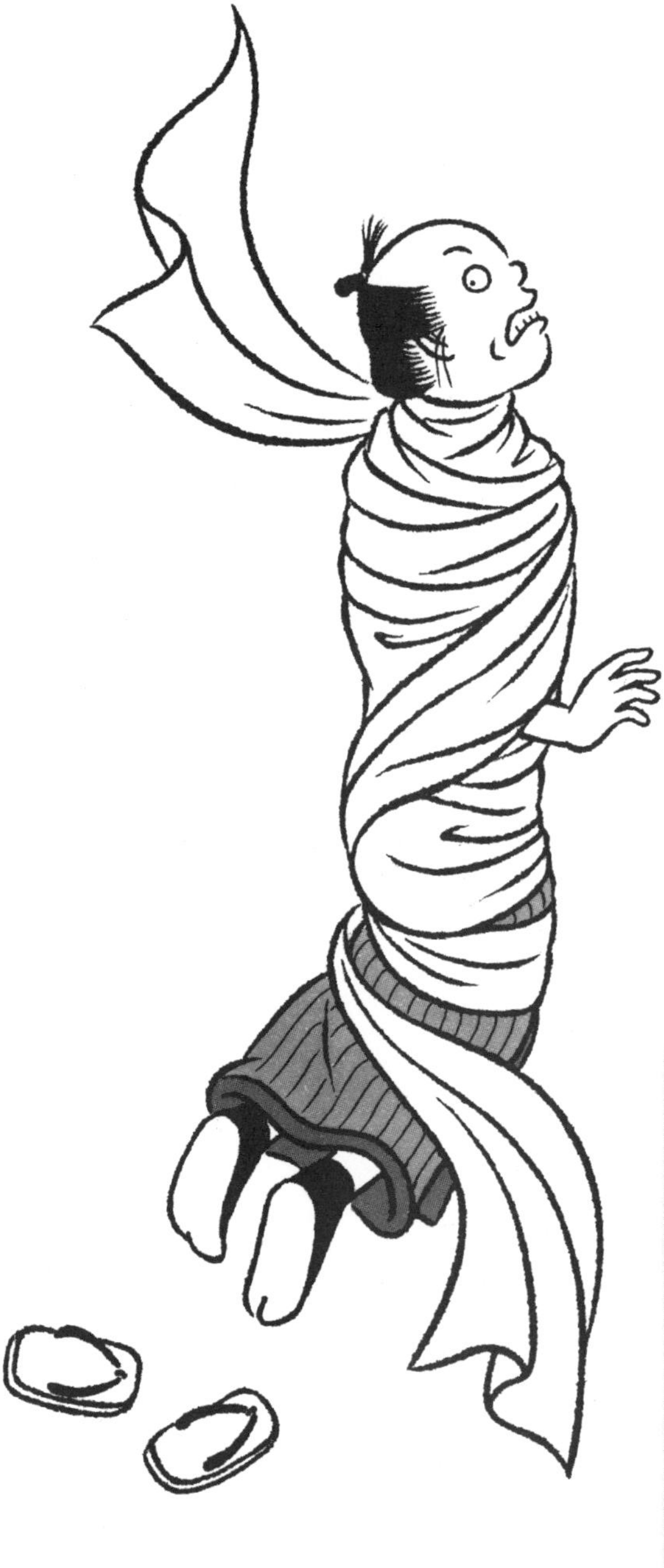

妖怪データ

一反もめん
(いったんもめん)

別名　なし

出没地　鹿児島県肝付町

大きさ　約一反

その他
海を見晴らす権現山に潜み、夜になると出てくる

人を襲うこともある
実は恐ろしい妖怪

水木しげる氏原作の漫画『ゲゲゲの鬼太郎』やアニメでおなじみ。長い布をなびかせて空中を浮遊し、主人公の鬼太郎とともに悪い妖怪と戦う姿を思い浮かべる人も多いのではないだろうか。

今や全国区の知名度を誇る一反もめんだが、もとは鹿児島県高山町（現・肝付町）に伝わるローカル妖怪。夜になると約一反（長さ約10・6m、幅約30㎝）の布がひらひらと飛び、人間の首に巻き付いたり、顔を覆ったりして窒息死させるという。その昔、当地に住む子どもたちは「遅くまで遊んでいると一反もめんが出るぞ」と驚かされたそうだ。

一反もめんとよく似た妖怪に、新潟県佐渡島に伝わる衾《ふすま》と、愛知県佐久島に出るとされる布団かぶせがいる。衾は大きな風呂敷のような形態で、人に突然覆い被さってくる。これはどんな名刀でも斬れない。布団かぶせについては、柳田國男《やなぎたくにお》著『海村生活の研究』に「フワッと来てスッと被せて窒息させる」とある。

妖怪FILE 11

海坊主

見ると長寿になる!?

海坊主を筆頭に、海にまつわる妖怪の多くは人に災いをもたらす。しかし、例外もあり、愛媛県松山市には、海坊主を見ると長寿になるという伝承が残っている。

妖怪データ 海坊主
(うみぼうず)

別名	海小僧、海入道など
出没地	全国
大きさ	不明
その他	船幽霊と同様に「柄杓を貸せ」というものも

怒らせたら怖い海に潜む妖怪

四方を海に囲まれているだけあって、日本には海の妖怪も多い。その代表ともいえるのが海坊主だ。

和泉貝塚（現・大阪府）の浜辺に3日ほど現れた海坊主は、体は漆《うるし》のように黒く、常に半身だけを海上からのぞかせていたという。阿波（現・徳島県）と土佐（現・高知県）の国境の沖合に出現した海坊主は、高さが十丈（約30m）もあった。上部から下部に向かって次第に広くなり、まるで大仏のような姿をしていたが、顔と思われる部分ははっきりとはわからなかったと、史料に記されている。

このように、海坊主の姿は地域によってかなり違っているものの、怒らせると凶暴になるという点はだいたい共通しているようだ。海坊主に船を沈没させられた、海中に引き込まれたなど、人が害を加えられたエピソードが各地に伝わっている。変化能力をもつ海坊主もおり、愛媛県宇和島では、漁師の妻が按摩《あんま》に化けた海坊主に殺されたという。

妖怪 FILE 12

山姥

妖怪データ 山姥
（やまうば）

別名	山母、山姫、山女郎など
出没地	全国
大きさ	人間の大人くらい
その他	零落した山の女神という説もある

あの金太郎の母親も山姥だった⁉

昔話に登場する山姥は、人間を食べる悪役として描かれていることが多い。ぼろぼろの着物をまとった老婆が目を爛々《らんらん》と輝かせ、髪を振り乱しながら人を襲う――。そんな場面を思い浮かべる人も多いのではないだろうか。各地で語り継がれる伝承には、確かに人食い鬼のような山姥もいる。しかし、その一方で、継母とその実子に虐《しいた》げられている少女を助けたり、お産を手伝ってくれた猟師に恩返ししたりと、人に幸運をもたらす山姥の話も少なくない。また、山姥といいながら若く美しい貴婦人の姿をしている場合もある。

怪力で有名な、金太郎こと酒呑童《しゅてんどう》子《じ》退治で知られる源頼光の家臣・坂田金時の母親も、山姥だったようだ。江戸時代に刊行された『前太平記』には、山姥が「夢で赤龍と交わり金太郎を授かった」と説明するくだりがある。江戸時代に活躍した劇作家・近松門左衛門や浮世絵師・喜《き》多《た》川歌《がわうた》麿《まろ》も、山姥と金太郎を題材にした作品を残している。

妖怪 FILE 13

お歯黒べったり

妖怪データ お歯黒べったり
（おはぐろべったり）

別名	歯黒べったり
出没地	全国
大きさ	人間の大人くらい
その他	見た人を驚かせるだけで、危害を加えることはないようだ

顔にあるのは お歯黒をつけた口だけ

歯を黒く染めることをお歯黒という。平安時代に上流階級の間で広まり、江戸時代には既婚女性の身だしなみとされた。当時、真っ黒に染まった歯は「美しい」「色っぽい」と考えられていたのである。

お歯黒べったりは、その名のとおり、お歯黒をべったりつけた妖怪のこと。ただし、その顔に目鼻はない。あるのは口だけで、真っ黒に染まった歯がのぞいているのだ。江戸時代に刊行された『絵本百物語』には、角隠しを被り、華やかな着物をまとったお歯黒べったりの挿絵とともに、次のような話が紹介されている。

ある人が古い神社の前を通ると、顔を伏せた女性がいた。声をかけてみると、振り向いた女の顔には目も鼻もなく、ただ口だけを大きく開きげらげらと笑った。見た人は「二度と見たくないほど恐ろしかった」と語ったそうだ。同書によれば、お歯黒べったりは東国では「のっぺら坊」ともいい、その多くは、狐や狸が化け損なったものだそうだ。

妖怪 FILE 14

砂かけばばあ

砂かけ妖怪の正体

砂をかける妖怪の正体は狸のような小動物とする地域が多いが、長崎県のガーッパ（河童）は、人の後ろから砂をまいていたずらをすることがあった という。

妖怪データ 砂かけばばあ
（すなかけばばあ）

別名　なし

出没地　奈良県、兵庫県

大きさ　不明

その他

砂をかけるだけで、それ以上の悪さはしないようだ

正体は老女？ 狸？
姿を見せない謎の妖怪

人気《ひとけ》のない森や神社のそばを通ったとき、何かに砂をかけられた──。奈良県では時折このような怪異が起こり、それは砂かけばばあの仕業だといわれてきた。

名前に〝ばばあ〟とあるのだから年老いた女性の姿をした妖怪を想像した人も多いはず。水木しげる氏原作の漫画『ゲゲゲの鬼太郎』でも、砂かけばばあは、着物姿の老婆として描かれている。しかし、実際にはその姿を見た者はいないという。

兵庫県西宮市では、砂をかける狸を砂かけばばあと呼ぶ。狸はある家の松の木に登っては、夜な夜な、木の下を通る人間に砂をかける。といっても、本当に砂をかけるわけではなく、砂をかける音をさせるだけ。何のために砂をかける音をさせるのか。正体は狸だとわかっていながら、なぜ、砂かけばばあと呼ぶのか。理由は定かではない。

砂でいたずらをする妖怪はほかに「砂まきイタチ」「砂まき狐」がおり、各地に伝承が残っている。

妖怪 FILE 15

ぬりかべ

妖怪データ　ぬりかべ
（ぬりかべ）

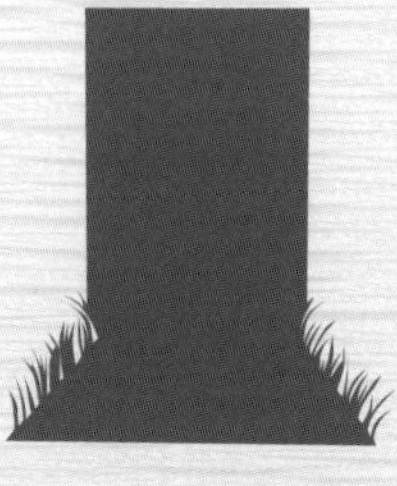

別名	かべぬり
出没地	全国
大きさ	不明
その他	大分県では「狸のぬりかべ」「イタチのぬりかべ」と呼ぶ

行く手を突然阻む
目に見えない大きな壁

夜道を歩いていると、突然目の前に何かが立ちはだかり、前に進めなくなってしまう——。福岡県遠賀郡では、これはぬりかべという妖怪のせいだと考えられていた。

当地には、ぬりかべに遭遇した際の対処法も伝わっている。それは、棒か何かで下のほうをたたくというもの。こうすると、ぬりかべは消えてしまうそうだ。ちなみに、上のほうをたたいても効果はないという。

ぬりかべと同じように、道を通せんぼする妖怪はほかにもいる。たとえば徳島県では、夜更《よふ》けに人気のない道を通っていると、道の真ん中に大きなついたてが現れ、進めなくなることがある。これを「ついたて狸」という。高知県の「野襖《のぶすま》」も、同じように行く手を阻《はば》む。いずれの妖怪に出くわした場合も、決して慌ててはいけない。ついたて狸は、立ち止まらずに丹田《たんでん》（へその下あたり）に力を入れて進めば通れるし、野襖は落ち着いて煙草《たばこ》を2、3服するうちに自然と消失する。

妖怪 FILE 16

あかなめ

教訓が生んだ妖怪

風呂場は汚れやすい場所。だからこそ、かえっていつも清潔にしておかなければならない――。妖怪・あかなめは、そんな教訓から生まれたという説がある。

妖怪データ あかなめ
（あかなめ）

別名　垢ねぶり（あかねぶり）

出没地　全国

大きさ　人間の子どもくらい

その他

垢をなめるだけで、特に人を襲ったりはしない

汚れた風呂場に出没し長い舌で垢をなめる

風呂場に現れ、その名のとおり垢《あか》をなめる妖怪。鳥山石燕著『画図百鬼夜行』をはじめとする江戸時代の妖怪画を見るかぎり、あかなめは裸の子どものような姿をしていて、ざんぎり頭とかぎ爪、長い舌がトレードマークだったようだ。

妖怪画には、あかなめの特徴についての記述はない。ただ、江戸時代初期に刊行された『古今百物語評《ここんひゃくものがたりひょう》判《ばん》』には「垢ねぶりの事」という項目がある。それによれば、垢ねぶりは塵《ちり》や垢の積もったところから化けて出た妖怪で、古い風呂屋や荒れた屋敷に住むとのこと。あかなめはおそらく、この垢ねぶりが下敷きになっているのだろう。

風呂場に現れる妖怪はあかなめだけではない。宮崎県には風呂好きの河童がいて、人の家に上がり込み勝手に入浴する。ただ、河童が入ったあとの水は真っ黒に汚れていて、ひどく臭うそうだ。河童の仲間とされる山わろも風呂好きらしく、同じような伝承が熊本県に伝わっている。

妖怪FILE 17

のっぺら坊

怪異は二度起こる!?

一度怪異に出会った人が、逃げた先でもう一度怪異に遭遇することを「再度の怪」という。のっぺら坊の伝承はその典型。落語の題材にもなっている。

妖怪データ のっぺら坊
（のっぺらぼう）

別名　ぬっぺら坊、ずんべら坊など

出没地　全国

大きさ　人間の大人くらい

その他
正体不明ののっぺら坊もいる

卵のような顔で人間を驚かせる

目も鼻も口もない妖怪のこと。ぬっぺら坊、ぬっぺらぼん、ずんべら坊、ずべら坊など、地域ごとにさまざまな呼び名がある。

数あるのっぺら坊の伝承のうち、特に有名なのが小泉八雲作『怪談』に収録されている「むじな」だ。

昔、ある男が赤坂紀国坂《きのくにざか》（現・東京都）でうずくまって泣いている女に出会う。男がどうしたのかと声をかけたところ、振り向いた女の顔には本来あるべきはずの目も鼻も口もなかった。男は急いで逃げ出し、偶然見かけた屋台のそば屋に駆け込んだ。そして、今見たことをそば屋の主人に話して聞かせた。すると、それまで背中を向けていた主人が、「その女の顔はこんなですかい」といって振り向いた。男はその顔を見て気を失ってしまう。なぜなら、主人ものっぺら坊だったからだ。

小説では、題名からもわかるようにこの怪異は狢《むじな》の仕業と説明されているが、多くの場合、狐や狸が化けたものと考えられていた。

妖怪
FILE
18

ぬっぺほふ

名前の由来は厚化粧

「ぬっぺほふ」は、白粉で厚化粧した様を指す「ぬっぺり」という語に由来する。そのためだろうか、ぬっぺほふの絵画はたいてい真っ白に彩色されている。

妖怪データ　ぬっ ぺほふ
（ぬっ ぺほふ）

別名　ぬっぺっぽう、ぬっぺふほふ

出没地　全国

大きさ　不明

その他
白塗りの姿で描かれる

江戸城にも現れた!? 一頭身の肉塊

鳥山石燕の『画図百鬼夜行』に登場する妖怪。ぶよぶよとした肉の塊《かたまり》に手足が出ているような姿で、目、鼻、口は、垂れた肉に埋もれているためか、存在がはっきりとしない。

同書には姿だけが描かれているので、ぬっぺほふの正体や、人とのかかわり方についてはわからないことが多い。ただ、民間伝承などから推察すると、最初は人間のふりをして人に近づき、親しげに会話を交わす。やがて、相手が油断をしたところで本当の姿を露《あら》わにして驚かせるようだ。墓地や廃寺に出る、死臭のような臭いがする、ともいわれる。

このぬっぺほふとよく似た妖怪が、江戸城に現れたという記録がある。江戸時代後期に執筆された随筆集『一宵話《いっしょうわ》』によると、慶長14年（1609年）、江戸城の中庭に突如、肉塊のようなものが出没した。この不可思議な生物の形は、ぬっぺほふのようだった、という。

のっぺら坊の原型、または仲間だという説もある。

妖怪
FILE
19

鵺

妖怪データ

鵺
(ぬえ)

別名	なし
出没地	京都
大きさ	不明

その他
静岡県伊豆の国市では、毎年1月に鵺ばらい祭りが行われる

頭は猿、手足は虎、尾は蛇
朝廷を震撼させた化け物

鵺《ぬえ》とは本来はトラツグミという鳥の別名。夜中に「ヒィー、ヒィー」という人間の悲鳴に似た声で鳴くため、縁起が悪い鳥として忌《い》み嫌われていた。その鵺が、ある妖怪の名前になったのは平安時代の頃。

『平家物語』によると、第76代近衛天皇の御代、天皇の御殿が夜ごと黒雲に覆われ、不気味な声が響くという怪異が続いた。これが原因で天皇は病床に伏してしまう。そこで、黒雲退治の命を受けた弓の名手・源頼政が黒雲を矢で射ってみると、頭は猿、胴体は狸、手足は虎、尾は蛇《へび》、鳴き声はトラツグミにそっくりな化け物が落ちてきた。以降、人々は化け物を、その泣き声から鵺と呼ぶようになったというわけだ。

後日、鵺の死体は鴨川に流された。死体は現在の大阪市都島区や兵庫県芦屋市あたりにたどり着いたとされ、土地の人々が祟《たた》りを恐れて供養したという鵺塚が今も残っている。また、大阪港の紋章に鵺が描かれているのは、この伝承にちなんでのことだ。

妖怪 FILE 20

ろくろ首

妖怪データ

ろくろ首
（ろくろくび）

別名	なし
出没地	全国
大きさ	人間の大人くらい

その他
ろくろ首は基本的には無害。
抜け首は人を襲う危険あり

実は病気の一種!?
頭部が飛ぶタイプもいる

夜になると首が長く伸びる妖怪。井戸に取りつけて桶を上下させる滑車を「ろくろ」というが、名の由来は伸びた首がこのろくろによく似ているためという説がある。

江戸時代の文献にはろくろ首の目撃談が数多く記されており、そのほとんどの性別は女性だ。ただし、奈良県吉野山の奥深くにあるろくろ首の村には、男性のろくろ首もいるという。

また、江戸時代に刊行された妖怪本では、見越し入道も首を長く伸ばした姿で描かれていることが多く、見越し入道とろくろ首が夫婦になっている場合もある。

ほかに、ろくろ首は病気だという説もあった。寝ている間に首が伸びるのは、魂が肉体を抜け出してしまう〝離魂病《りこんびょう》〟の一種だというのだ。

なお、ろくろ首には、首（頭部も含む）が胴体から離れて飛び回る「抜け首」タイプもある。実は、こちらがろくろ首の原型で、中国に伝わる「飛頭蛮《ひとうばん》」という妖怪がモデルになっているといわれる。

妖怪FILE 21

見越し入道

妖怪データ　見越し入道
（みこしにゅうどう）

別名　次第高（しだいだか）、高坊主（たかぼうず）など多数

出没地　全国

大きさ　数m

その他
夜道や坂道の突き当たりに現れる

見上げるほど巨大に！妖怪軍団の親分格

夜道や坂道の突き当たりに坊主姿で出没する妖怪。見上げれば見上げるほど体が大きくなっていくのが最大の特徴で、ろくろ首のように首を長く伸ばし、背後から顔をのぞき込んで驚かせるタイプもいる。ほかに、「見越し入道の足もとから頭に向かって視線を動かすと食い殺される」「顔を上げて眺めていると喉笛を噛み切られる」といった物騒な伝説も数多く残っている。

このように、見越し入道は人の命を奪うこともある恐ろしい存在ではあるが、一方で弱点もある。「見越した」「見抜いた」といった呪文を唱えれば撃退できるといわれているのだ。上から見下ろす、落ち着いた素振りで煙草を吸う、物差しで背丈を計測するふりをするなどの行動も効果があるようだ。

なお、江戸時代の物語では妖怪たちの親分格として描かれることが多く、その正体は、狐、狸、イタチ、カワウソなどの変化が得意な動物であるとする説が各地に伝わっている。

妖怪FILE 22

［伝承の妖怪］

鬼

全国で語り継がれる恐ろしいものの代表

「オニ」は「隠《おん》」がなまって誕生した言葉で、もともとは、疫病のように人間に害をおよぼすが目に見えないものを総称して鬼と呼んでいた。牛の角と恐ろしい面相、筋骨隆々たる体をもち、腰には虎の毛皮を巻いている――。そんな鬼のイメージが定着したのは江戸時代に入ってから。

鬼にまつわる伝説は全国各地に分布しており、京都・大江山の酒呑童子は特に有名。

妖怪データ

鬼（おに）

別名
なし

出没地
全国

大きさ
不明

その他
人間が鬼になる場合も

［伝承の妖怪］

妖怪 FILE 23

Ⅱ

狐と狸

変化系動物の代表は永遠のライバル

ともに化ける動物の代表でありながら、性格は大違い。狐は陰気、狸は愛嬌《あいきょう》があってどこか憎めないというイメージが定着している。

仲も悪いようで、新潟県の佐渡島には、島の支配権をかけて狸と狐が争った結果、狸が勝利し、以後、島には狐がいなくなったという伝承がある。弘法大師《こうぼうだいし》がいたずら狐を追放したため、四国は狸が支配する土地となったという話もある。

妖怪データ

狐と狸
（きつねとたぬき）

別名
なし

出没地
全国

大きさ
狐、狸と同じ

その他
信仰の対象でもある

妖怪FILE 24

［伝承の妖怪］

天狗

Ⅲ

強大な神通力をもつ日本古来の大妖怪

赤い顔に高い鼻をもち、山伏《やまぶし》姿で高下駄を履いている天狗は「鼻高天狗」。ほかに、カラスのようなくちばしと翼を有した「烏《からす》天狗」もいる。どちらも強い神通力をもつ山の実力者として、古くから恐れられていた。

江戸時代に書かれた『天狗経』によれば、日本にいる天狗の数は12万5000以上！　なかでも、京都の愛宕山《あたごやま》や鞍馬山《くらまやま》、東京の高尾山は天狗が棲む山としてよく知られている。

妖怪データ

天狗（てんぐ）

別名
なし

出没地
全国

大きさ
不明

その他
空を自由に飛べる

［都市伝説の妖怪］

妖怪 FILE 25

河童

人気もバリエーションも ナンバーワン

北海道から沖縄まで、全国各地に伝承が残る人気妖怪。青森では「ミズチ」、近畿地方では「カワタロウ」など、地域によって呼び名が異なる。また、頭に皿がないものもいれば、猿のように毛むくじゃらのものもいて、外見もさまざま。ただ、①相撲《すもう》好き、②きゅうりなどの夏野菜を好む、③人間の尻子玉（お尻にあるとされる想像上の内臓）が好物である、という点はおおむね共通している。

妖怪データ

河童（かっぱ）

別名
多数あり

出没地
全国

大きさ
人間の子どもくらい

その他
100以上の呼び名がある

［都市伝説の妖怪］

妖怪FILE 26

人面犬

妖怪データ

人面犬
（じんめんけん）

別名
なし

出没地
全国

大きさ
犬くらい

その他
驚くほど足が速い

平成元年に大流行
実は江戸時代にも話題に

1989年から噂が広がり、その後の人面魚、人面カラスなど人面妖怪ブームのきっかけとなった。体は犬、首から上は中年男性の姿をしており、人間に会うと「ほっといてくれ」「何だ人間か」などの捨て台詞《ぜりふ》を吐いて去って行くという。

人面の動物は江戸時代にもいたようだ。文化7年（1810年）に人面の犬が見世物となり、見物人が殺到したという記録が残っている。

妖怪 FILE 27

口裂け女

III

妖怪データ

口裂け女
（くちさけおんな）

別名
なし

出没地
全国

大きさ
人間の女性くらい

その他
３人姉妹説もあった

日本中を騒がせた マスク姿の謎の女性

学校の帰り道に大きなマスクをした女が「私、きれい？」と話しかけてくる。「きれいですよ」と答えると、「これでも？」といってマスクを取り、大きく裂けた口を見せる――。
そんな口裂け女の目撃情報が相次いだのは１９７８年あたり。正体は整形手術に失敗した女性である、１００ｍを３秒台で走れる、「ポマード」と３回唱えると撃退できるなど、さまざまな噂が飛び交った。

妖怪FILE 28

Ⅳ

トイレの花子さん

学校の怪談でおなじみ トイレから声が聞こえる

学校にいるといわれる妖怪のなかで、最も有名な存在だろう。誰もいないはずのトイレの個室をノックして「花子さーん」と呼びかけると返事が聞こえるという怪談は、今も全国の小学校で語り継がれている。

花子さんの話は昭和20年代にはすでにあった。岩手県の小学校では、奥から3番目のトイレに入ると「3番目の花子さん」と声をかけられ、便器から白い手が伸びてくるという。

妖怪データ

トイレの花子さん
（といれのはなこさん）

別名
なし

出没地
全国

大きさ
不明

その他
声だけで姿はない

第2章
妖怪とは何か

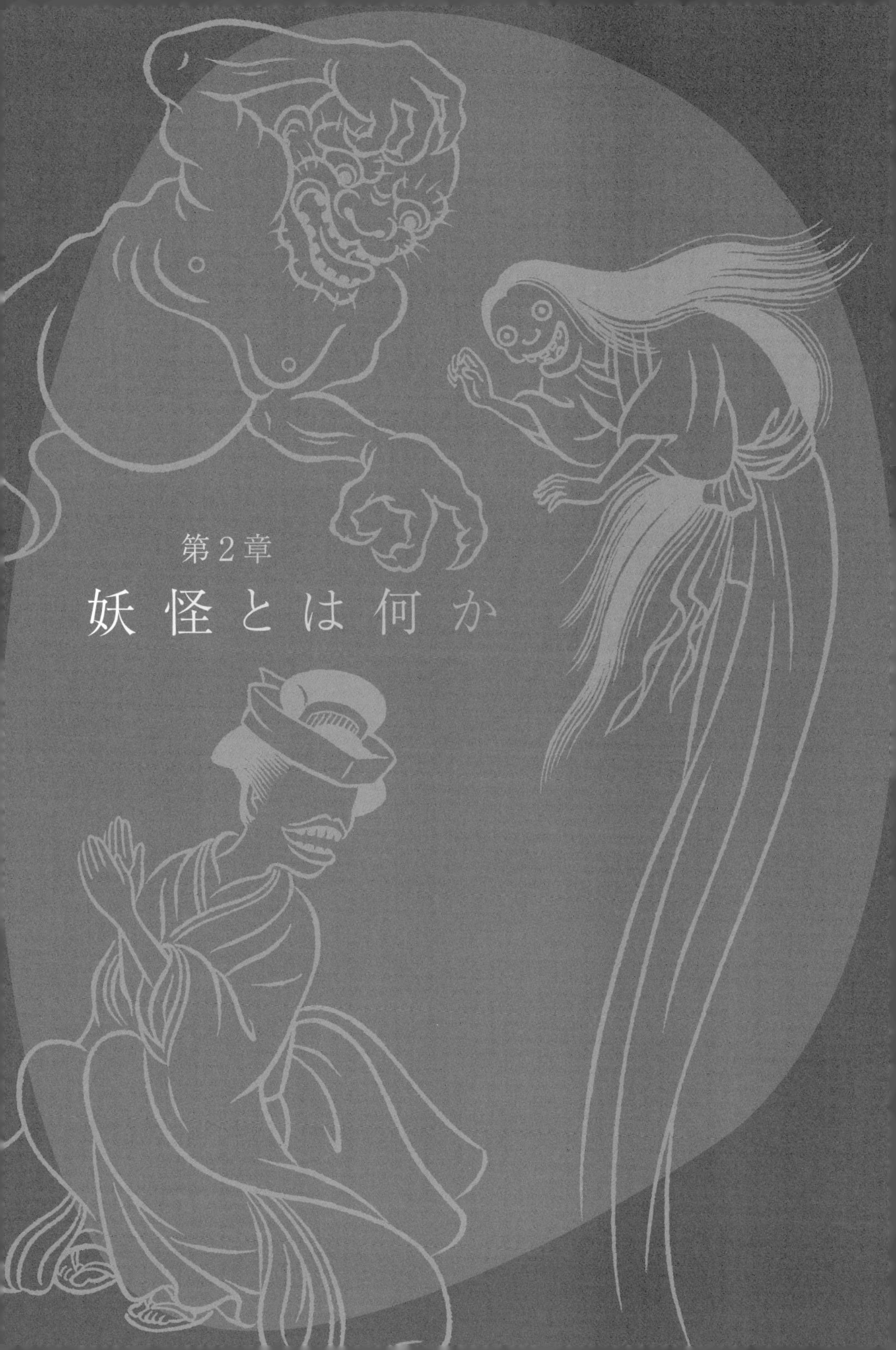

妖怪って何？

妖怪を知ることは、人が何を恐れ、何を恨み、そして何に憧れたのかを知ることでもある。

妖怪の生みの親は人間の心だった

妖怪は、文明や文化が誕生したときにはすでに存在していたと考えられる。なぜなら、妖怪とは、人間が恐怖や不安を抱いたときに生まれるものだからだ。

たとえば、台風が起きたとする。現代に生きる私たちは、台風が発生するメカニズムをだいたい知っているので、それを妖怪の仕業と考えたりはしない。しかし、昔の人たちにとっては人知を超えた出来事だった。ゆえに、「怪異が起きた」「人ではない何かが引き起こしたに違いない」という具合に解釈し、現実と折り合いをつけた。そして、怪異や人ではない何かの姿や物語を、想像力を駆使してつくり出していった。こうして妖怪が誕生したのである。

妖怪は次の3つに大別できる。

1．「山中であやしい火を見た」などの怪異体験が妖怪となった、**「出来事・現象としての妖怪」**

2．災害などの人間にとって好ましくない状況を引き起こす原因として考えられた**「存在としての妖怪」**

3．1と2が絵本などで具体的な姿形を与えられて、それがキャラクターとなった**「造形化された妖怪」**

1〜3のいずれもが、人の心が生み出したもの。つまり、**妖怪とは、私たちが「あやしい」と思う存在や現象のすべて、**であるといえる。だからこそ、妖怪を研究することは、日本文化を、ひいては人間そのものを研究することにつながるのだ。

出来事・現象としての妖怪

夜の山や川に響く原因不明の音。これらは「天狗だおし」とか「小豆あらい」と呼ばれる。このように、説明できない恐怖や不安、あるいは神秘感から生まれた妖怪が「出来事・現象としての妖怪」だ。あやしい光や灯を見た、急に視界が悪くなった、目に見えない何かが触れたような気がする、といった怪異体験も「出来事・現象としての妖怪」になる。

存在としての妖怪

日本人は古来、あらゆるものに霊魂（霊的存在）が宿っていると考えていた。そして、疫病《えきびょう》や天災といった人間にとって好ましくない状況は、“荒れている霊的存在”によって引き起こされると考えた。この“荒れている霊的存在”が、つまりは「存在としての妖怪」だ。鬼や大蛇、狐、天狗、土《つち》蜘《ぐ》蛛《も》などは、「存在としての妖怪」の代表といえる。

造形化された妖怪

ぬりかべは、民間伝承においては「突然、前に進めなくなる」という怪異そのものを指した。それに、四角い壁に顔と手足という姿を与えたのが漫画家の水木しげる氏だ。私たちになじみ深い「ぬりかべ」というキャラクターは、水木氏によって造形化された妖怪といえる。

妖怪と幽霊、怪獣の違い

妖怪・幽霊・怪獣の特徴

妖怪 広義には、人間が「あやしい」と思う存在・現象すべてが妖怪。人を驚かせたり、脅かしたりする。

幽霊 死後もこの世に未練を残し、成仏できない霊魂。人知を超えた“あやしい”現象なので妖怪とも呼べる。

怪獣 妖怪に比べて近代的なイメージが強いが、幽霊同様、“あやしい”という点で妖怪の仲間といえそうだ。

民俗学者の柳田國男は、幽霊とは「決まった時間に特定の相手の前に出現するもの」、妖怪とは「決まった場所で不特定の相手の前に出現するもの」と定義している。しかし、この定義に当てはまらない幽霊・妖怪は多く、後世の研究者が分類の条件を修正したり、区別自体を廃したりしている。怪獣は、字のごとく「あやしい獣」。昔ながらの妖怪と違う点も多々あるが、妖怪の仲間といえそうだ。

妖怪のいるところ

山、海、川といった自然豊かな場所はもちろん、人里や家の中にも妖怪は現れる。

空間や時間の境界に妖怪が現れる

妖怪はさまざまな場所に現れるが、特に好んで出没するところがある。「境界」だ。境界とは、私たちが暮らす現実世界と、妖怪が棲む異界との境目のこと。あるいは、私たちが慣れ親しみ、よく知っている世界の〝限界〟と言い換えてもいいだろう。

山や森、海も境界のひとつだ。現代においてなお、自然には未知の部分が多い。科学が発達していない昔の人にとってはなおさらである。つまり、自然は元来、境界としての性格をもっている。山や森、海に妖怪の目撃談が多いのはそのためだ。

また、自分がよく知っている世界と、あまり知らない外の世界とがちょうど接する場所という点で、村の出入口に当たる橋や辻《つじ》、家の出入口である門や玄関も境界といえる。

境界は、空間だけでなく時間にも存在する。昔の人たちは、太陽が輝く日中は人間の世界で、夜は魑魅魍《ちみもう》魎《りょう》跋扈《ばっこ》する異界であると考えていた。黄昏《たそがれ》時や明け方、あるいは天気が急に変わってあたりが暗くなったときに妖怪に出くわすことが多いのは、それが、現実世界から異界へと移行する時間帯であるため。節分に鬼が登場するのも、季節と季節の〝分かれ目〟だからだ。

妖怪が出る境界は、案外、私たちの生活のすぐそばにある。「一度でいいから妖怪に会ってみたい」と思うなら、空間や時間の境界を意識して探してみてはいかがだろうか。

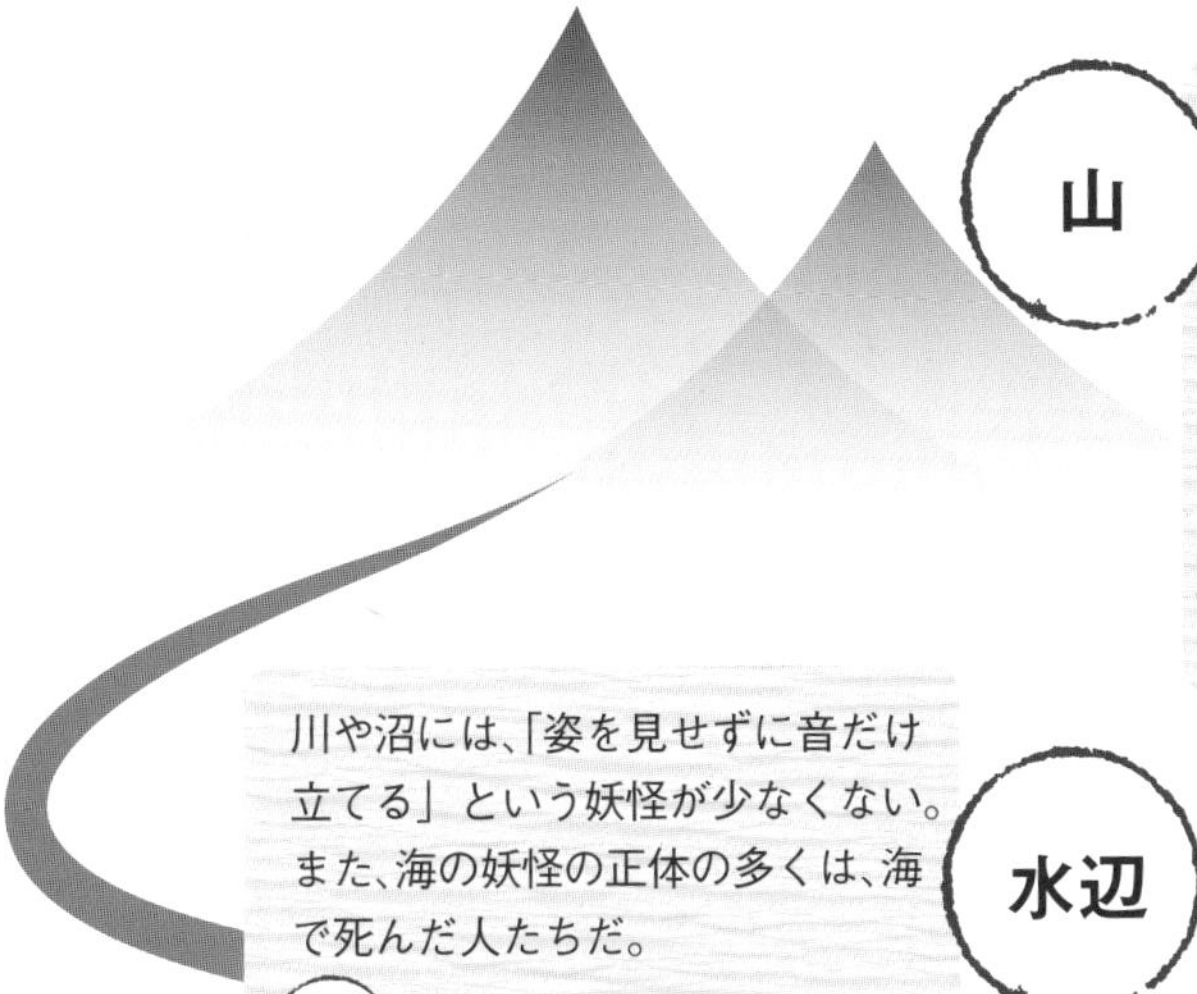

山

日本では古くから、山の奥に立ち入ることは禁忌とされていた。山には人ならぬものが棲むと信じられていたためだ。

山 に出る妖怪たち

・山姥　・雪女　・天狗
・狐　・狸　など

水辺

川や沼には、「姿を見せずに音だけ立てる」という妖怪が少なくない。また、海の妖怪の正体の多くは、海で死んだ人たちだ。

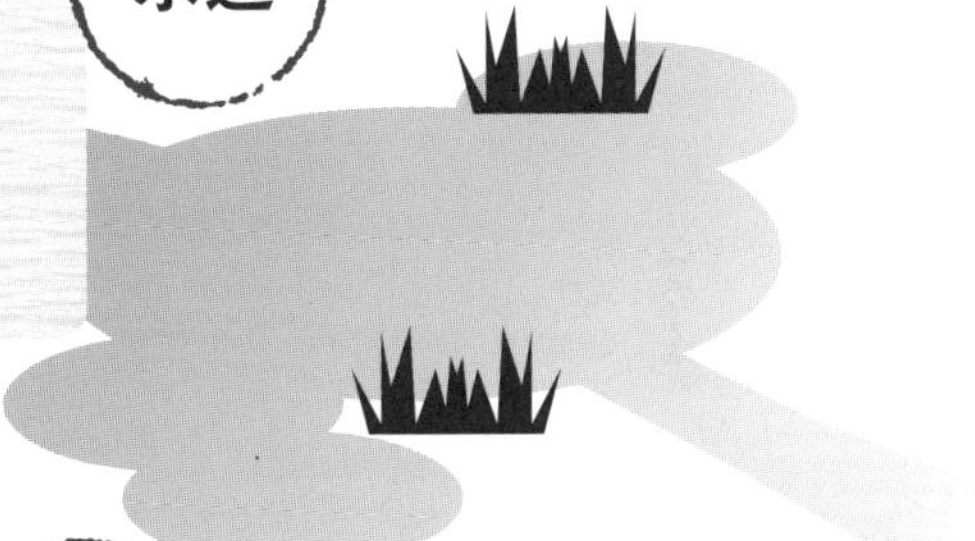

水辺 に出る妖怪たち

・小豆あらい　・河童
・海坊主　など

家・人里

家の中にも妖怪は出没する。特に、光の届かない暗がりや、薄暗いトイレ、じめじめしたお風呂場を妖怪たちは好むようだ。

家・人里 に出る妖怪たち

・ぬらりひょん　・ふた口女
・座敷わらし　・枕がえし
・あかなめ　など

その他

道や坂、峠に現れる妖怪もいる。なかでも、夜または人気のない時間帯は妖怪遭遇率が高いようだ。

その他 に出る妖怪たち

・お歯黒べったり　・豆腐小僧
・砂かけばばあ　・ぬりかべ
・のっぺら坊　・ろくろ首
・見越し入道　など

妖怪を呼ぶ方法

妖怪を呼ぶ方法として有名なのが、江戸時代に流行した「百物語」だ。やり方はまず、参加者がひとつの部屋に集まって１００本のろうそくを灯す。そして、妖怪の話を一話ずつ語り、語り終えるたびにろうそくを１本消す。１００話になると妖怪が現れるという。

江戸時代後期に刊行され『稲生《いのう》物怪録《もののけろく》』は、百物語をした藩士の稲生武太夫が実際に体験したという怪異現象の記録である。

妖怪の姿

日本に1000種類をはるかに超えるほどいるとされる妖怪たち。それらの多くは、妖怪画がきっかけで姿形を得た。

姿がない妖怪が多数派だった

　人の姿をしたもの、動物の姿をしたものなど、妖怪の姿形は実に多彩だ。一見して妖怪とわかる異形のものもいれば、狐火や鬼火のように見た目はただの火にすぎない妖怪もいる。一方、提灯や傘といった器物に、顔または手足がついたような化け物も少なくない。植物や虫の形をもった妖怪もいる。

　もちろん、姿形がない妖怪も「存在」する。むしろ、民間伝承においては、姿そのものはわからないが、名前がついているので何となく存在がわかる、という妖怪のほうが多数派かもしれない。小豆あらいや砂かけばばあはその典型的な例であるといえる。どちらも、「誰もいないはずなのに小豆を磨ぐ音がする」「どこからともなく砂をかけられる」という怪異に、「小豆あらい」「砂かけばばあ」という名前がついているだけで、実は、外見はわからないのだ。

　このように、もともとは実体のなかった妖怪が形を得るきっかけとなったのが、中世から近世にかけて制作された妖怪画だ。姿のない妖怪を絵師たちが人や動植物に似せて描いたことで、妖怪は外見を獲得した。

　ちなみに、中国や韓国には妖怪を描いた絵画はほとんどない。妖怪を造形化するのは、日本特有の文化といえるだろう。そして、こうした伝統的な土壌が、今日の妖怪ブームにつながっている。

人の姿

**人だと思ったら
実は妖怪だった……！
そんな伝承も多い**

雪女や山姥のように、一見すると人にそっくりな妖怪も珍しくない。ろくろ首や見越し入道も首または背丈が伸びていない状態では人間とほぼ同じようだ。なお、元人間の妖怪もいる。たとえば平安時代の才人・菅原道真は、死後、怨霊となって天変地異を起こしたと考えられていた。

・雪女　・ふた口女　・座敷わらし
・山姥　・ろくろ首　・見越し入道　など

火

**怪異現象の王道
科学で解明が
できないものも**

妖怪の種類で最も多いのは「火」だという説がある。実際、怪火現象に関連した伝承は数え切れない。九州の八代海では、旧暦8月1日頃、月のない夜などに、海上に無数の火が並んで見えるという。「不知火《しらぬい》」と呼ばれるこの怪異は、蜃気楼《しんきろう》の一種という説が有力だ。

・狐火　など

器物

**台所道具から
寝具、楽器まで
器物が妖怪に変化**

古い器物が妖怪化したものを付喪神《つくもがみ》という。付喪は「九十九《つくも》」に通じ、百年に一年足りないほど長い時間が経過した、年代物の器物であることを意味している。琵琶《びわ》、琴といった楽器から、すりこ木、釜などの台所道具まで、その姿は実にバリエーション豊か。

・一反もめん　など

動物

**狐に狸……
愛らしい姿に
油断は禁物**

動物の姿がベースとなっている妖怪もたくさんいる。妖狐や化け狸、狢、猫またはその筆頭。ちなみに、地域によっては、狸と狢が混同されていたり、狸が狢、山猫が狸と記されていたりするケースもある。ほかに、鵺のように数種類の動物が合体した妖怪もいる。

・猫また　・鵺
・狐　　　・狸　・蛇　など

妖怪同士の関係

連れ立って街を歩いたり、結婚したり、争ったり……。
人間と同じように、妖怪同士にもつき合いがあるようだ。

チームプレーに結婚 妖怪たちの関係をひもとく

妖怪画には、妖怪たちが夜中に列をなして歩き回る「百鬼夜行」を題材としたものがある。「妖怪も集団行動をするのか」と不思議に思った人もいるかもしれないが、民間伝承には、妖怪同士の関係を描写したものが少なくない。

たとえば、山陰から北九州にかけた沿岸地域には、牛鬼と濡れ女が連携して人間を襲うという話がある。牛鬼は、人を食べる妖怪で、頭部が牛、首から下が鬼または蜘蛛の姿をしている。濡れ女は赤子を抱いた妖怪だ。この濡れ女から赤ん坊を預かると、赤ん坊がだんだん重くなってきて身動きがとれなくなり、そこを牛鬼に襲われるという。見事な連携プレーだ。江戸時代の読み物・黄表紙には、駆落ちや結婚をする妖怪たちも登場する。

一方、妖怪同士が争うことも。昔、四国に金長《きんちょう》という狸がいた。金長は修行に励んで強い神通力を得る。それを知った四国の狸の長・六右衛門は、金長が自分を脅かす存在になることを恐れて刺客を送る。後日、刺客によって腹心の子分を殺された金長は大激怒。ここに、金長と六右衛門の全面抗争が始まった。三日三晩の激しい戦いの末、金長は六右衛門を見事打ち取るが、合戦で受けた傷がもとで自身も死んでしまう。

徳島県小松島市に伝わるこの話は、ジブリの映画『平成狸合戦ぽんぽこ』にも影響を与えている。

妖怪たちによる一大パレード

妖怪たちが夜、町中を大行進するようすを描いた『百鬼《ひやつき》夜《や》行《こう》絵《え》巻《ず》』は、数多く存在する。

妖怪にも家族がいる!?

江戸時代に多数出版された大人向けの読み物・黄表紙には、妖怪同士の関係が面白おかしく描かれている。豆腐小僧の父親はぬらりひょんと並んで妖怪の総大将と称される見越し入道、母親はろくろ首という設定の物語もある。

悪さをする妖怪たち

ただ驚かせるだけの他愛もないものから、命を奪うものまで、妖怪の悪行にはさまざまなパターンがある。

これぞ本領発揮!? 悪さをする妖怪たち

　人を助けるような気の良い妖怪もいるかたわら、いたずらや悪さを働く妖怪もいる。そして、悪さの度合いは妖怪によってかなり違う。豆腐小僧やお歯黒べったりは、基本的にはただ人を驚かせるだけで、襲ったりすることはない。必要以上に怖がることもなさそうだ。

　しかし、人を化かす妖怪には少々注意が必要かもしれない。徳島県には蚊帳《かや》吊り狸という妖怪がいて、夜になると蚊帳に化けて人の行く手をふさぐという。これに遭遇してしまうと、めくってもめくっても蚊帳が下がっていて前に進めない。幸いなことに対処法があり、丹田に力を入れて蚊帳をめくっていくと、36枚目に向こう側に出られる。命の危険はないとはいえ、なかなか厄介だ。

　また、見目麗しい人と出会って情を交わしたら、実はそれは妖怪が化けた姿で、人間の命を狙っていた、というのはよくある話。なかでも狐や蛇、蜘蛛は絶世の美女・美男に化けることが多いようだ。

　最もタチが悪いのは、人に危害を加える妖怪だろう。出会った人間を病気にしたり、食らったりという妖怪はかなり多い。ほかに、人に憑《つ》く妖怪もいる。狐や犬神といった妖怪が人に取り憑いたという伝承は各地に残っている。憑かれた人の多くは、自分の意思をなくしてしまうか、もっていてもコントロールできず、体も思うように動かせなくなるそうだ。

驚かす

人を驚かすためだけに登場

- 豆腐小僧
- お歯黒べったり
- 砂かけばばあ
- のっぺら坊
- ろくろ首
- 見越し入道　など

人だと思って近づいて話しかけたら、途端に正体を現して、人間をびっくりさせる――。そんな風に、人間をただ驚かすためだけに現れる妖怪は多い。ただ、見越し入道のように、基本的には人畜無害であっても、地域によっては人を傷つけたり、命を奪ったりする伝承が残っていることもあるから安心はできない。くれぐれも気をつけよう。

化かす

夢の暮らしが一転することも

- 猫また
- 狐
- 狸　など

人を化かすのは妖怪の得意とするところ。人の姿に化けて人間に近づくものもいれば、突然行く手を阻んだり、道に迷わせたりと、人を惑わすものもいる。美女または美男と夫婦になり豪勢に暮らしていたはずが、実はそれは妖怪に化かされていただけ。正気に戻ってみれば実際は汚い床下で生活していた――。そんな伝承も各地に残っている。

殺す、憑く

凶悪な妖怪たちにご用心

- 雪女
- 猫また
- 一反もめん
- 鵺
- 見越し入道
- 鬼　など

人に友好的な妖怪がいる一方で、人の命を狙う危険な妖怪も存在する。なかでも、酒呑童子、玉藻前《たまものまえ》、崇《す》徳上皇《とくじようこう》の怨霊《おんりよう》は“日本三大悪妖怪”に数えられており、多数の人間の命を奪ったという。また、妖怪に憑かれたという報告例も各地に伝わっている。妖怪に憑かれた家系は「憑きもの筋」と呼ばれ、周囲の人たちから恐れられていた。

妖怪を退治する

妖怪にも弱点があり、呪文を唱えたり、嫌いなものを投げつけたりすれば退治できる。その方法を紹介しよう。

弱点を覚えておけば妖怪も怖くない!?

妖怪を退治する方法はいくつかある。最も代表的なのは、弓や剣などの武器で倒すやり方だろう。平安時代に朝廷を震撼させた妖怪・鵺は弓矢で射殺されているし、日本神話にも登場する大蛇の妖怪・八岐大蛇はスサオノミコトに剣で切られて死んでいる。

妖怪によっては、呪文での撃退も可能だ。見越し入道は、「見越し入道、見抜いたぞ」「見越し入道、見越した」といえば消え失せるという話が伝わっている。

また、奈良県では、夜道を歩いていると後ろから誰かがつけてくるような音が聞こえることがある。これは「べとべとさん」という妖怪の仕業で、この怪異に出くわしたら道の端によって「べとべとさん、先へお越し」という呪文を唱えると、足音がしなくなるとのこと。

妖怪が苦手とするものをつきつけるのも効果的だ。節分に豆をまいたり、玄関にいわしの頭を飾ったりするのは、それが鬼の苦手なものと信じられているからにほかならない。狐と狸なら、弓弦の音を聞かせるといいらしい。弓がない場合は、竹に弦をかけて引き鳴らしても追い払えるという。

河童が厭《いと》うものは、鹿の角、猿、火、ツバなど。とりわけ鉄（金気）はダメなようで、軒先に鉄製の刃物が吊してある家や、先端に鎌をかけた船には近づかないと信じられている。

妖怪の退治法あれこれ

VS 河童①

河童が嫌うもののひとつに仏の飯がある。これは仏前に供えたごはんのこと。仏の飯を食べれば河童は近づいてこない、相撲を挑まれても負けない、とされた。

VS 河童②

墨には魔除け効果があると信じられていた。墨を体に塗ったり、墨壺を部屋の四方に置けば、河童がいたずらできないという。

VS 狸①、狐

狸や狐に出会ったら、眉にツバをつけると化かされずにすむという。ここから、だまされないように用心することを「眉ツバ」というようになった。ツバは河童やケンムン（鹿児島県奄美諸島に出るとされる妖怪）にも効く。

VS ぬりかべ、砂かけばばあ、狸②

妖怪は無視されるのが苦手。ぬりかべや砂かけばばあに遭遇したら、慌てずに知らん顔するのが正解といえるだろう。襖や蚊帳に化けて行く手を阻む狸の類いは、どっしりかまえて一服していれば、そのうち消える。焦って何とかしようとすると、かえって相手の術中にはまってしまうので気をつけよう。

VS うわん

正体不明の妖怪。ある妖怪画には、お歯黒をほどこした妖怪が、両手を振り上げ口をカッと開き、威嚇するかのようなポーズが描かれている。向こうが「うわん」といったら、「うわん」と言い返せば問題ないという。このように、名前を呼ばれると消える妖怪は多い。

VS がんばり入道

がんばり入道は、鳥山石燕の画集『今昔画図続百鬼』に登場する便所の妖怪。「がんばり入道ホトトギス」と唱えれば、出会わずにすむという。ただし、反対に災いを呼ぶという説もあるので唱える際は注意が必要。

VS 見越し入道

見越し入道を撃退する呪文は多数あり、「見ていたぞ」「負けた、見越した」といった言葉をかけても消えるそうだ。呪文を唱えずに、上から見下ろすだけでも効果が。

VS キジムン

沖縄県に出没する古木の妖怪。タコや熱い鍋蓋が嫌いとされていて、それらを投げつけるか、あるいは「タコひっかけてやるぞ、熱い鍋蓋ひっかけてやるぞ」と唱えると撃退できるという。

妖怪と人との結婚

妖怪と人間とが恋に落ち、結婚することもある。さらに、子どもが生まれる場合も……。

あの安倍晴明は妖狐の子どもだった

人間以外のものと、人間との結婚を「異類婚姻」という。各地に伝わっている妖怪と人間の異類婚姻の話のうち、とりわけよく知られているのが、平安時代に活躍した陰陽師《おんみょうじ》・安《あ》倍晴明《べのせいめい》の出生譚《しゅっしょうたん》ではないだろうか。

晴明の父・阿部保名《やすな》は、和泉国（現・大阪府）の信太明神に参詣した折、1匹の子狐を助ける。子狐は恩返しのために美女に姿を変えて保名のもとに現れた。2人は夫婦となり、やがてひとりの男の子が生まれた。これが安倍晴明だという。平安時代に制作された『今昔物語集』にも、人間の男性が狐と夫婦の契りを交わすという物語がある。

人間の男性が妖怪と結婚するケースでは、妖怪側は鶯《うぐいす》、蛙《かえる》、蛇といった動物のほか、ふた口女の仲間とされる食わず女房や、ろくろ首がいる。

もちろん人間の女性が妖怪と婚姻するパターンもある。この場合、妖怪は蛇の類いであることが多い。珍しいところでは、婿が鮭、猿、タニシだったという伝承もある。いずれにせよ、異類婚姻で生まれた子どもの多くは、安倍晴明のように特別な能力をもっていたり、肌に鱗《うろこ》があったりと、普通の人間とどこか違っていたようだ。

妖怪退治の物語が妖怪を否定・排除する物語であるのに対し、異類婚姻の物語は、妖怪と人間の協調あるいは協力関係を表現した物語であるといえる。

人間の娘×鮭

岩手県には、鮭と結婚した人間の娘がいた。その娘は、鷲《わし》にさらわれて淵に落とされた際、ひとりの老人に助けられる。後日、娘は命の恩人である老人と結婚したが、夫は実は鮭だった。ゆえに、娘の子孫は今でも鮭を食べないそうだ。

人間の娘×八岐大蛇

日本三大悪妖怪のひとりで、室町時代から江戸初期にかけて刊行された短編集『御伽草子《おとぎぞうし》』で一躍有名になった酒呑童子は、人間の娘と、伊吹山大明神である八岐大蛇との間に生まれた子だとする伝承がある。ほかにも、酒呑童子は元は越後国（現・新潟県）生まれの美しい稚児だったが、彼に恋い焦がれて死んだ少女たちの怨念によって鬼になったという説も。

人間の青年×蛙

新潟県の民話。昔、ある男が蛇に呑まれそうになっている蛙を見かけた。蛙を助けると、その蛙は娘の姿になり、男と結婚したという。

人間の青年×鶯

昔、ある青年が村相撲の折にかわいい娘を見かけ、夫婦になった。妻は夫に「蔵は絶対に見てはいけない」といったが、夫は蔵を見てしまう。すると、娘は鶯になって飛んでいってしまったという話が新潟県にある。

妖怪の恩返し

**助けてもらったら忘れずに恩を返す、律儀な妖怪もいる。
困っている妖怪を助けると、いいことがあるかもしれない。**

恩返し法はさまざま 芝居を披露する妖怪も

妖怪のなかには、人間に恩返しするものもいる。恩返しの内容はさまざまだが、昔話『鶴の恩返し』のように、妖怪が人の姿に化けて恩人と夫婦になり、金銭やその糧《かて》となるものを与えるという伝承は多い。夫婦にならずとも、後日、金銭や食べ物をもってきたり、村に豊作をもたらしたりする話が各地に残っている。人間を裕福にすることが、妖怪の恩返しの典型といえそうだ。

〝化ける〟という、妖怪ならではの特性を生かした珍しい恩返し伝説を紹介しよう。

昔、あるところに老夫婦と1匹の猫がいた。猫は13歳になると、夫婦に暇を出してほしいと頼み、「これまで世話になったお礼に何でもしてあげよう」と申し出た。そこで、芝居好きのおじいさんは「忠臣蔵を見せてくれないか」とリクエスト。後日、猫は役者に化け、きれいな衣裳をまとい、忠臣蔵を見事に演じきる。終演すると猫は三声鳴き、それきり戻らなかったという。

河童が、いたずらをしたお詫びや助けてくれたお礼に、人間に妙薬を授けるという伝説も全国にある。新選組・副長を務めた土方歳三《ひじかたとしぞう》の生家に伝わっていた「石田散薬」もそのひとつ。これは、歳三の先祖の夢枕に河童が立ち、つくり方を教えてくれたものだという。歳三は剣術修行をするかたわら、河童の妙薬を背負って行商をしていたのである。

蛙の恩返し

愛媛県の民話。ある老人が、蛇に狙われていた蛙を助けてやった。後日、老人の娘が男と恋に落ち、同時に病気になってしまう。往生しているとお遍路がやって来て、「娘に木の上にある鷲の卵を食べさせなさい」といった。実は男の正体は蛇。本性を現して木に登ったところ、鷲に殺されてしまった。お遍路は、老人に助けられた蛙が化けた姿だったという。

狸の恩返し

鳥取県には、狸が恩返ししたという話が伝わっている。悪さをしたためにつかまり、殺されそうになった狸がいた。おじいさんがそれを救ってやると、狸は恩返しとして金の茶釜に化けた。おじいさんは茶釜を売って大金持ちになったそうだ。

山犬の恩返し

岐阜県の伝承。ある人が、口の中に獣の骨が刺さった山犬を助けたところ、翌朝、医術の秘法が記された巻物が家の前に置いてあった。山犬の恩返しだった。

狐の恩返し

宮城県にも、狐が化ける能力を生かして恩返ししたという言い伝えがある。昔、鯰江《なまずえ》六太夫《ろくだゆう》という笛の名手がいた。六太夫が夕方に笛を吹くと必ず聞きに来る子どもがいたが、子どもは実は狐だった。狐は笛を聞かせてもらったお礼に、六太夫の願いどおり、源平合戦のようすを見せてくれたという。

妖怪と神の違い

妖怪と神は別ものではなく、表裏一体の関係にある。妖怪化する神もいれば、神化する妖怪もいる。

妖怪と神の違いは人間とのかかわり方にあった

古来、人間は、人知ではすぐに解明できない不思議な出来事に遭遇したとき、その出来事を説明するために超自然的な力や存在を想定した。この超自然的な力や存在は神であったり妖怪であったりする。

では、神と妖怪はどう違うのだろうか。民俗学者の柳田國男は、「妖怪とは神が零落したもの」と定義した。河童は水神が、山姥は山の神が落ちぶれたものだというのだ。しかし、実際にはこの定義でくくれない神や妖怪も多く、現在では「妖怪＝神の零落したもの」という柳田の説は否定されている。

そこで、超自然的存在と人とのかかわり方に着目してみたい。左図のように、超自然的存在は、「祀《まつ》られるもの」と「祀られないもの」に分けられる。前者の多くは人に恵みをもたらすため、神と崇められる。一方、後者は、人に厄災や不幸をもたらし、妖怪と呼ばれる。

つまり、神と妖怪の違いは、祀られているかどうか。大日如来も天照《あまてらす》大神《おおみかみ》も、人に災いをなして祭祀されなければ妖怪になるし、目鼻のない顔で人を驚かす妖怪のっぺら坊も、人に幸福をもたらして祀り上げられたら神になる、というわけだ。

また、人に憑く妖怪・犬神のように、ある集団にとっては神であり、別の集団にとっては妖怪という場合もある。神と妖怪の区別は、人間との関係によって絶えず変化している。

神・妖怪・人間の関係概念図

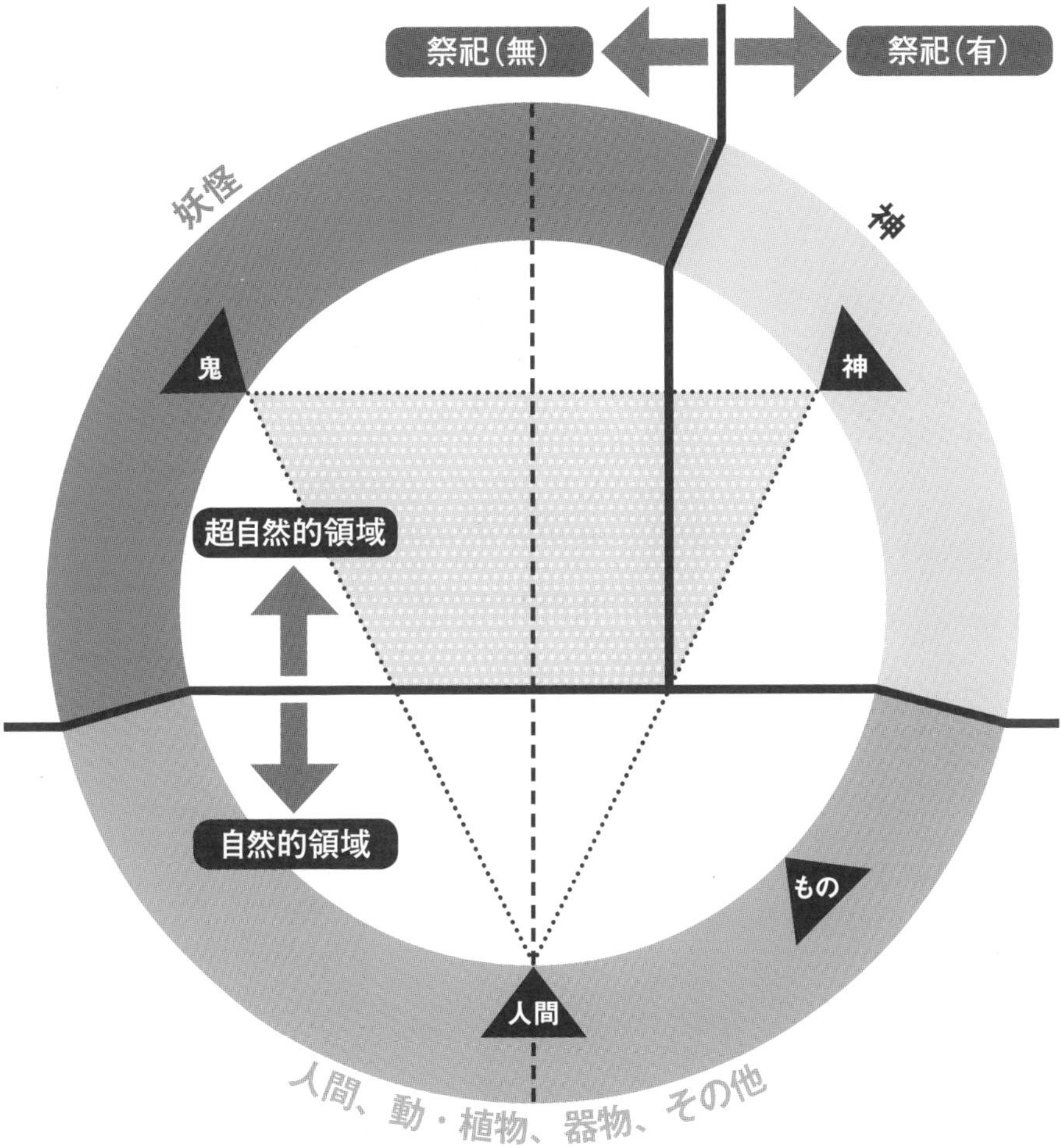

神とは人々が祀った超自然的存在であり、妖怪とは、人々に祀られていない超自然的存在である。これは、祭祀された「妖怪」が「神」であり、祭祀されない「神」が「妖怪」だと言い換えることもできる。なお、日本には古くから、すべてのものに霊的な存在を認めるアニミズム的信仰があった。そのため、日本では、人間はもちろん動・植物、器物、人工物、その他の事象など、すべてのものが神にも妖怪にもなる可能性をもっている。

※著者提供の資料を基に編集部にて作成

伝統芸能と妖怪

世界に誇る伝統芸能は妖怪の宝庫！　鬼女、化け猫、
妖狐たちが、いつの時代も観客を楽しませてきた。

伝統芸能で演じられたあやしいものたち

室町時代に流行した能楽や江戸時代に誕生した歌舞伎には、妖怪を扱った作品が多数ある。

たとえば、能『鉄輪《かなわ》』には、鬼女が登場する。鬼女は、もとは人間の女性だった。しかし、自分を捨てた夫を恨んで丑《うし》の刻参りを続けるうちに神託を受け、鬼女になってしまったのだ。鬼女はその後、安倍晴明の祈祷によって退散。この話は、『平家物語』の異本に収録されている、橋姫という名の鬼女の話が下敷きとなっている。

家宝の皿を割ったために殺された女の幽霊が、夜な夜な「一枚、二枚、三枚……」と悲しげな声で皿を数え、最後に「やっぱり一枚足りない！」と嘆く——。日本人なら一度は聞いたことがあるであろう。この有名な怪談も、人形浄瑠璃『播州皿屋敷』、歌舞伎『皿屋敷化粧姿視』『番町皿屋敷』などの演目になっている。

化け猫が登場する伝統芸能もあることをご存じだろうか。歌舞伎の演目『花嵯峨《はなのさが》猫魔稗史《ねこまたぞうし》』だ。これは、飼い猫が主人の恨みを晴らすために化け猫となり、佐賀藩・鍋島家に復讐《ふくしゅう》を試みるが、結局は退治されてしまうという筋書き。実は、この話は江戸時代初期に佐賀藩で起きたお家騒動がもとになっていて、江戸時代には、佐賀藩・鍋島家の猛抗議で上演が中止になったこともあるという。伝統芸能において、妖怪は欠かせない存在だった。

能

『黒塚《くろづか》』

阿闍梨祐慶《あじやりゆうけい》の一行は、陸奥国《むつのくに》は安達ヶ原《あだちがはら》（現・福島県二本松市）に佇む一軒のあばら家に泊めてもらうことになった。一行を快く迎え入れたのは、老女だった。ところが、祐慶らは老女の寝室で死骸の山を見つけてしまう。女は安達ヶ原の黒塚に棲むと噂されていた鬼だったのだ（安達ヶ原の鬼婆）。老女は鬼の本性を現し襲いかかってきたが、祐慶たちの必死の祈りで退散する。

能

『殺生石《せつしようせき》』

僧の玄翁《げんのう》は那須野（現・栃木県）を通りかかった際、近づく者の命を奪うという巨石「殺生石」の前で美女に出会う。実はこの美女は、玉藻前という妖狐の亡霊。玉藻前は美女に化けて鳥羽上皇の寵愛を受けていたが正体がばれて退治され、殺生石になっていたのだ。玉藻前の霊から話を聞いた玄翁は石の供養を行う。すると妖狐が現れ、「これで成仏できる」と言い残して姿を消した。

落語

『ろくろ首』

独身の松公は、女房が欲しいと叔父に相談したところ、ある女性を勧められた。その女性はたいそうな美人だという。ただ、大きな欠点があった。夜になると首が伸びて、行灯の油をなめるというのだ。松公は考えた末、「夜中に目を覚まさなければいいのだ」と結婚を決意する。しかし、いざ初夜になると寝つけず、新婦の首が伸びるのを目撃。怖くなって屋敷を飛び出してしまう。

歌舞伎

『京鹿子娘道成寺《きようかのこむすめどうじようじ》』

その昔、紀伊国《きいのくに》（現・和歌山県）の道成寺《どうじようじ》では、恋人・安珍《あんちん》を思うあまり大蛇と化した清姫《せいひめ》が、釣鐘とそのなかに隠れていた安珍とを焼き滅ぼすという事件があった。それから数百年後――。寺では新しく奉納された釣鐘の供養を行っていた。そのときそこに女性が現れ、美しい舞を披露したいと申し出る。実は、その女は清姫の怨霊だった。女は境内に入るなり大蛇となり、釣鐘を奪い去ってしまう。

まだいる！こんな妖怪たち①

伝統芸能で活躍するそのほかの妖怪たち

76～77ページで取り上げた作品以外にも、妖怪が登場する伝統芸能がある。**お岩さん**で有名な『**東海道四谷怪談**』もそのひとつ。夫に惨殺されたお岩が、死後、幽霊となって夫に復讐するというストーリーは、怪談話の定番。歌舞伎や落語はもちろん、現代でも何度となく舞台化・映画化されている。

夫に殺された妻が怨霊となる話といえば、歌舞伎の演目『**色彩間苅豆《いろもようちょっとかりまめ》**』『**伽《めい》羅先代萩《ぼくせんだいはぎ》**』『**大角力藤戸源氏《おおずもうふじとげんじ》**』、そして、落語の『**真景累ヶ淵《しんけいかさねがふち》**』も有名だ。これらの作品は、いずれも、元禄時代に刊行された『**死霊解脱物語聞書《しりょうげだつものがたりききがき》**』をもとに創作されている。これは、夫に殺された妻の**累《かさね》**が怨霊となり夫の後妻を次々に取り殺したという、下総国《しもうさのくに》（現・茨城県）で起きた心霊現象をもとに書かれたものだ。

ほかに、落語『**牡丹灯籠《ぼたんどうろう》**』や『**置いてけ堀**』にも妖怪が登場する。妖怪をテーマにさまざまな伝統芸能に触れてみるのもおもしろいかもしれない。

現代のアニメや漫画でも大人気!

伝統芸能ではないが、現代の小説や漫画、アニメなどでおなじみの妖怪もいる。その好例が**鎌鼬《かまいたち》**だろう。鳥山石燕の『**画図百鬼夜行**』によれば、鎌鼬は、両手が鎌になっているイタチの妖怪。岐阜県の飛騨《ひだ》地方では、鎌鼬は３匹で行動すると考えられていた。鎌鼬に切られても出血しないのは、１匹目が人を倒し、２匹目が人を切り、３匹目が傷に薬を塗るからだという。

妖怪を扱う作品には、**ひとつ目小僧**のように、目の数に特徴があるキャラクターも数多く登場する。ひとつ目小僧は全国各地に伝承が残る妖怪で、入道姿だったり老婆だったりと、外見のバリエーションも多い。また、目が三つある**三つ目入道**、目が百ある**百目入道**、腕に無数の目がついた**百々目鬼《どどめき》**などもいる。

家鳴《やなり》もよく知られた妖怪ではないだろうか。昔の人たちは、何でもないのに家がきしむのは家鳴の仕業だと考えていた。鳥山石燕の『画図百鬼夜行』では、家鳴は小鬼のような姿で描かれている。

第3章

日本全国妖怪マップ

北海道・東北地方

妖怪FILE 29

コロボックル

北海道

蕗の下に２、３人入れるほど体が小さい。姿を見られるのを嫌がるが、魚や鹿の肉を分けてくれることもある。北海道の原住民という説もある。

北の地に現れる個性豊かな妖怪たち

古来、朝廷や幕府から遠く離れていた北海道および東北地方には、ときの政府が置かれた西日本や関東とは違った、独自の文化・風習が今も色濃く残っている。妖怪もしかり。実に個性豊かな面々が揃っている。

たとえば北海道には、アイヌ語で「蕗《ふき》の下の人」を意味するコロボックルという妖怪がいる。その名のとおり、蕗の下に隠れられるほど小さく、西洋の妖精に近いイメージだ。明治時代には、このコロボックルの実在をめぐって人類学者たちが大論争を繰り広げたことがあった。

東北地方で最も有名な妖怪といえば座敷わらしではないだろうか。座敷わらしはおかっぱ頭の子どもの妖

妖怪FILE 30 うわん

青森

お歯黒をした鬼のような姿で描かれることが多い。墓場や廃屋などに潜み、人が通りかかると「うわん」と叫んで驚かせるという。

怪で、棲んでいる家を豊かにしてくれるという。また、雪女の伝承が多いのも、雪深いこのエリアならではだといえる。

　秋田名物・なまはげも忘れてはいけない。なまはげという名前は、いろりに当たってばかりいる怠け者の足にできるナモミという火ダコをはぐことから。毎年12月31日、村の青年たちが恐ろしいなまはげの姿に扮して家々を訪ね回る光景は、秋田・男《お》鹿《が》半島《はんとう》の冬の風物詩だ。

　ほかにも、「民話のふるさと」と呼ばれる岩手県遠野市に現れるという無人のお屋敷・迷い家《が》や、鳥海山《ちょうかいさん》に棲んでいたとされる手長足長、宮城に出没する柿の精・たんたんころりん、福島は安達ヶ原の鬼婆など、特徴的な妖怪が集まっている。

妖怪 FILE 31 なまはげ

秋田

秋田県男鹿半島で行われる行事、あるいはそこに現れる鬼。「泣く子はいねがー」「ナモミコはげたかはげたかよ」などと唱えながら各戸を回る。

妖怪 FILE 32 五徳猫
(ごとくねこ)

秋田

尾が２つに分かれた猫またの一種。五徳（いろりでやかんなどを載せる台）を頭の上に載せている。いろりの火を自分でおこすという説もある。

妖怪 FILE 33 産女
(うぶめ)

山形

出産で亡くなった妊婦の霊で、人に赤ん坊を抱くよう頼む。赤ん坊は次第に重くなるが、抱き続けることができれば、怪力などを授けてくれる。

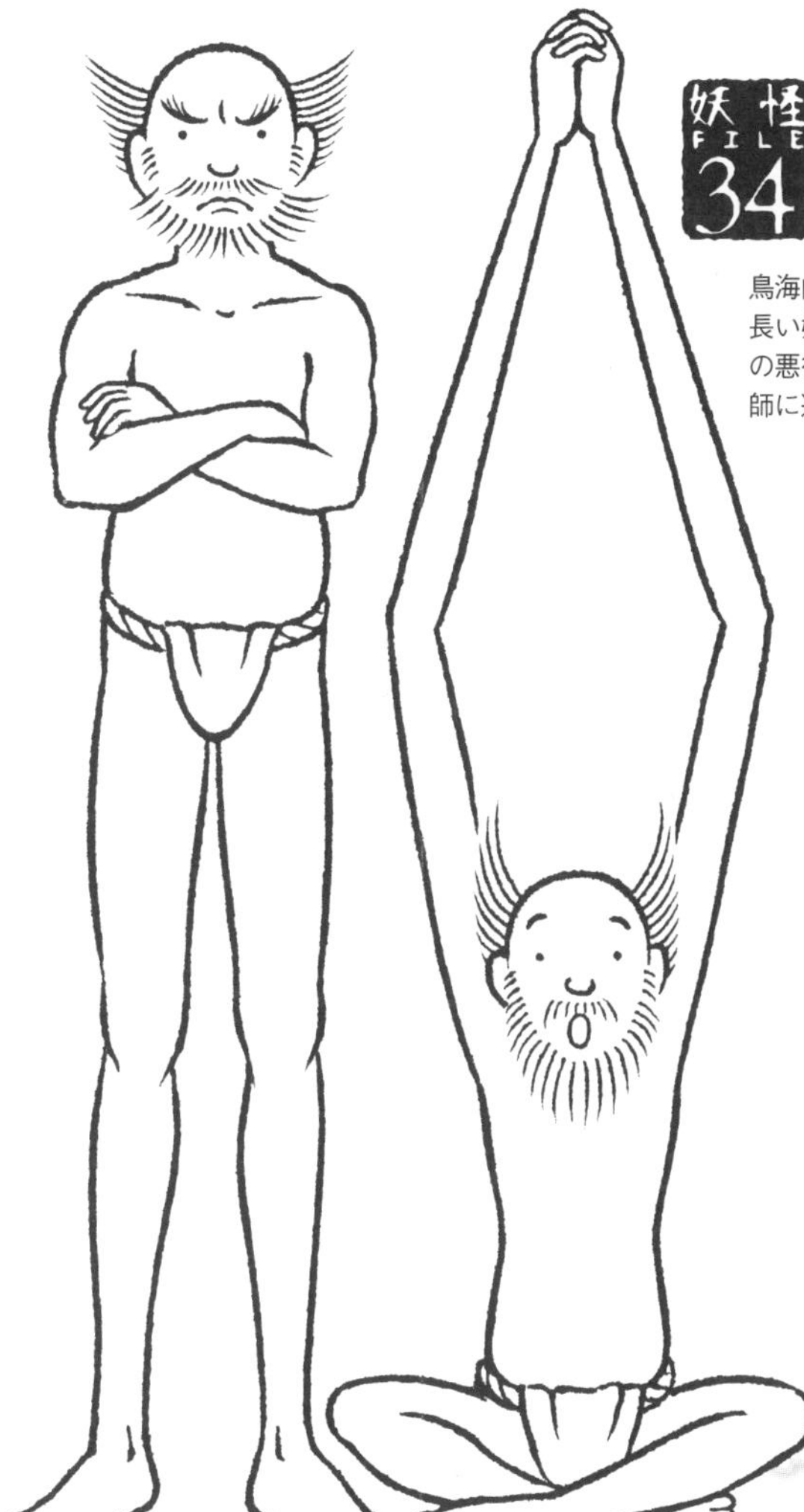

妖怪 FILE 34 手長足長

（てながあしなが）

山形

鳥海山に棲む、手が長い妖怪と足が長い妖怪。２人１組で人を襲うなどの悪行を繰り返していたが、慈《じ》覚《かく》大師に退治された。

妖怪 FILE 35 天邪鬼

（あまのじゃく）

山形

人の意に逆らい、他人の考えを察し、口まねや物まねをしてからかう。小鬼のような姿をしていることが多いようだ。アマノシャグとも。

妖怪 FILE 36 迷い家

（まよいが）

岩手

山中に突然現れる不思議な屋敷。この家に入ることができたら、家の中のものをもち帰るといい。何かしらの幸運に恵まれるそうだ。

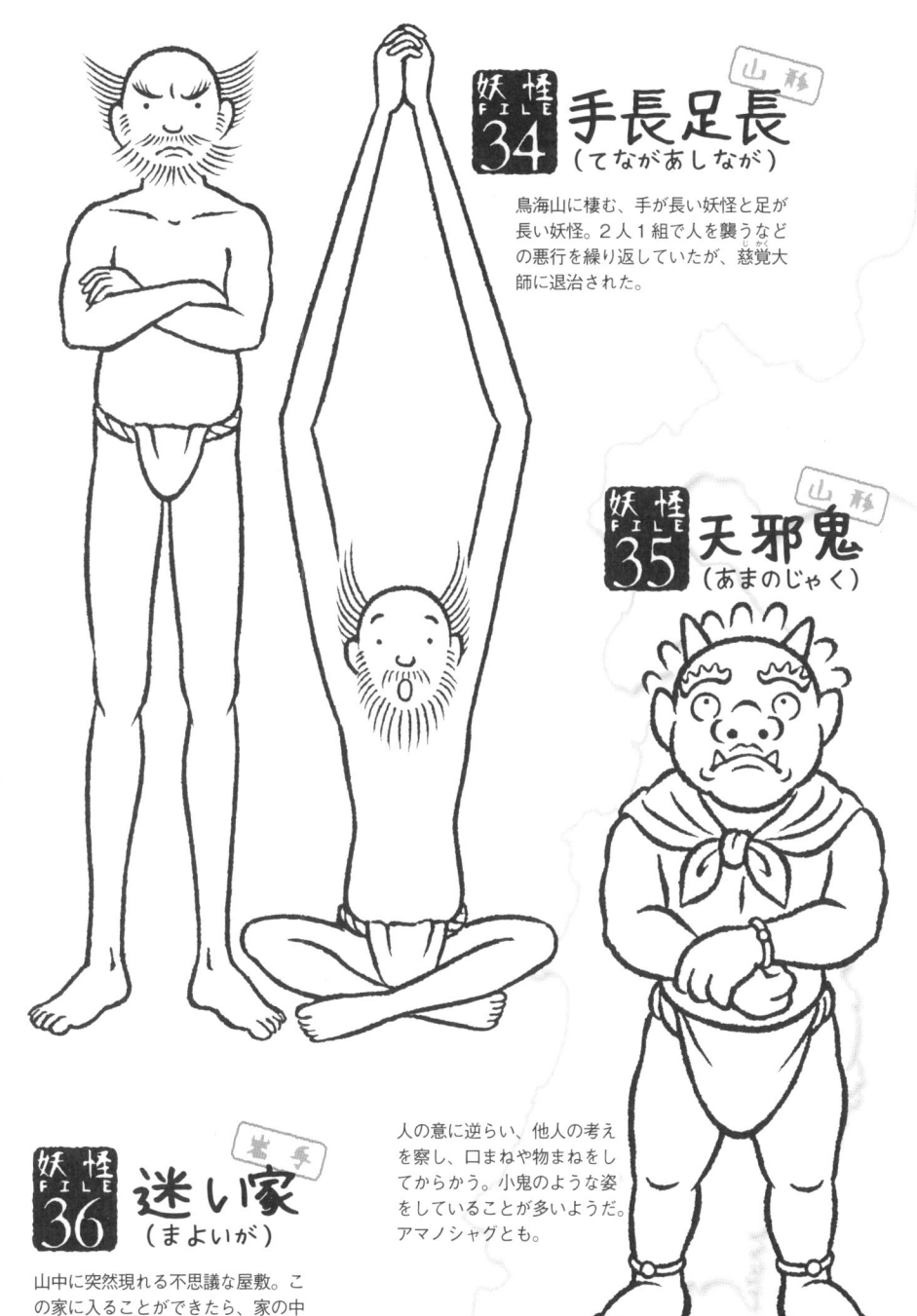

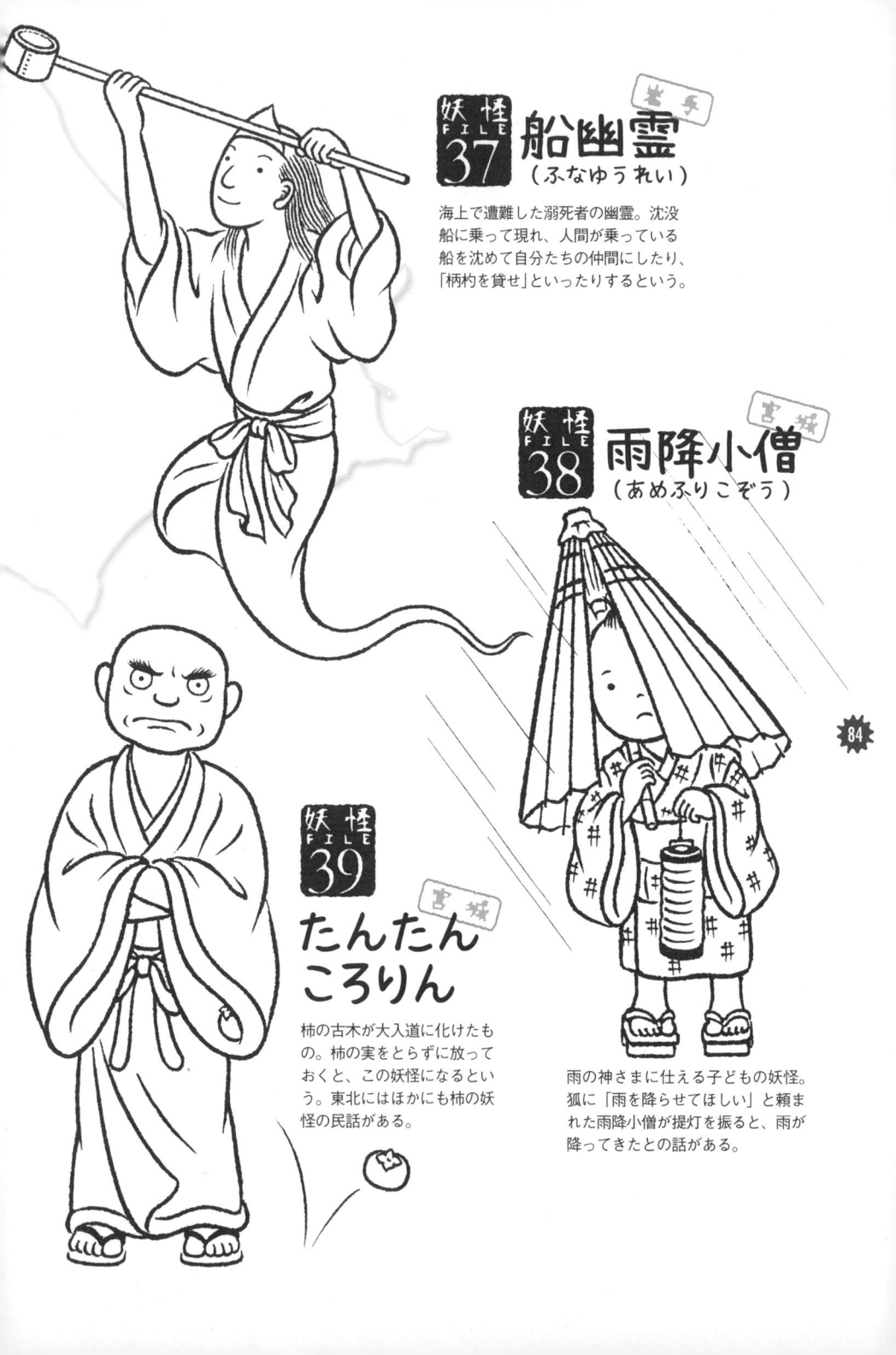

妖怪FILE 37

岩手

船幽霊
（ふなゆうれい）

海上で遭難した溺死者の幽霊。沈没船に乗って現れ、人間が乗っている船を沈めて自分たちの仲間にしたり、「柄杓を貸せ」といったりするという。

妖怪FILE 38

宮城

雨降小僧
（あめふりこぞう）

雨の神さまに仕える子どもの妖怪。狐に「雨を降らせてほしい」と頼まれた雨降小僧が提灯を振ると、雨が降ってきたとの話がある。

妖怪FILE 39

宮城

たんたんころりん

柿の古木が大入道に化けたもの。柿の実をとらずに放っておくと、この妖怪になるという。東北にはほかにも柿の妖怪の民話がある。

妖怪 FILE 40

宮城

いやみ

ある小僧が町中で姉によく似た後ろ姿を見つけた。姉だと思って声をかけると、振り返ったのはしわだらけのおじいさんだった。この妖怪をいやみと呼ぶ。

妖怪 FILE 41

福島

朱の盤
(しゅのばん)

福島県会津地方に棲むとされる妖怪。人のふりをして近づいては、相手が油断したところで大きな朱色の盤のような顔になって驚かすという。

福島

安達ヶ原の鬼婆
(あだちがはらのおにばば)

妖怪 FILE 42

福島県二本松市安達ヶ原の妖怪。宿を求めてきた旅人をもてなすふりをして殺して食べてしまう。妊婦の腹を裂いて胎児を食べるという話も。

関東地方

大都市に暮らすのは人間だけじゃない!?

首都・東京を擁する関東地方は、日本の政治・経済および文化の中心。日本の全人口の3分の1が暮らしている。そんな大都市に潜む妖怪たちのなかで、最も名が知られているのが九尾の狐だろう。

九尾の狐は、インド、中国などで美女に化けてときの権力者に近づき、国の滅亡を企んだ大妖怪。日本では「玉藻前」という名前で鳥羽上皇の寵愛を一身に受けた。結局、玉藻前は正体がばれて退治されてしまうが、死後、怨念が石となった。それが、栃木県那須郡那須町にある「殺生石」だ。玉藻前と殺生石の伝説は能の演目にもなっている。

知名度なら、群馬県の茂林寺の釜

妖怪FILE 43 髪切り（かみきり） 東京

人の髪を切る妖怪。いつ切られたのか、本人はまったくわからないという。東京都を中心とする関東地方や三重県に多く出たようだ。

も負けはしない。その昔、茂林寺に守鶴という和尚がいた。この和尚が愛用の茶釜で沸かした湯は、いくら汲んでも尽きなかったという。実は、この守鶴和尚は狸だったのではないかといわれていて、ここから、狸が茶釜《ちゃがま》に化けるという文福茶釜《ぶんぶくちゃがま》の話が生まれたのだとか。なお、和尚愛用の茶釜は現在、一般公開されている。

　東京の前身・江戸も妖怪の宝庫だった。特に本所（現・東京都墨田区）あたりでは怪異が次々と起こり、江戸っ子を怖がらせた。それらの出来事は「本所七不思議」と呼ばれ、落語や文芸の題材にもなっている。

　もちろん、そのほかの関東各県にも妖怪たちは棲んでいる。関東地方には、人だけでなく、妖怪も多く集まっているのだ。

妖怪FILE 44 茂林寺の釜（もりんじのかま）

群馬

狸が恩返しのために茶釜に化ける――。有名な「文福茶釜」の話のルーツといわれる茶釜。実は、妖怪は茶釜ではなく、そのもち主だったようだ。

群馬

妖怪 FILE 45

天井なめ

（てんじょうなめ）

長い舌で天井をなめる妖怪。群馬県の館林城に出たという話がある。家臣につかまり、城中の蜘蛛の巣をなめ取らされたそうだ。

茨城

妖怪 FILE 46

日和坊

（ひよりぼう）

茨城県の深山にいる妖怪。雨が降っていると姿が見えないが、晴れるとその形が現れるらしい。てるてる坊主の起源という説もある。

妖怪 FILE 47

栃木

九尾の狐

（きゅうびのきつね）

中国からやってきた、傾国の美女ならぬ傾国の妖狐。退治されて絶命したが、その怨念は消えず、毒を吐く「殺生石」となった。

妖怪 FILE 48

千葉

手長婆
（てながばばあ）

手が長く白髪で、恐ろしげな風貌をした老婆の妖怪。水底に棲み、水辺で遊んでいる子どもたちをその長い手で水中に引きずり込むとされる。

妖怪 FILE 49

埼玉

ネブッチョウ

埼玉県秩父地方で恐れられた、家に憑く小さな蛇。憑いた家の主人の思いを察して行動し、主人が恨んだ相手を取り殺すと信じられていた。

妖怪 FILE 50

茨城

イクチ

茨城県の外海にはイクチが出ることがあるという。イクチは大きなウナギのような姿をしており、これに入られた船は沈んでしまう。

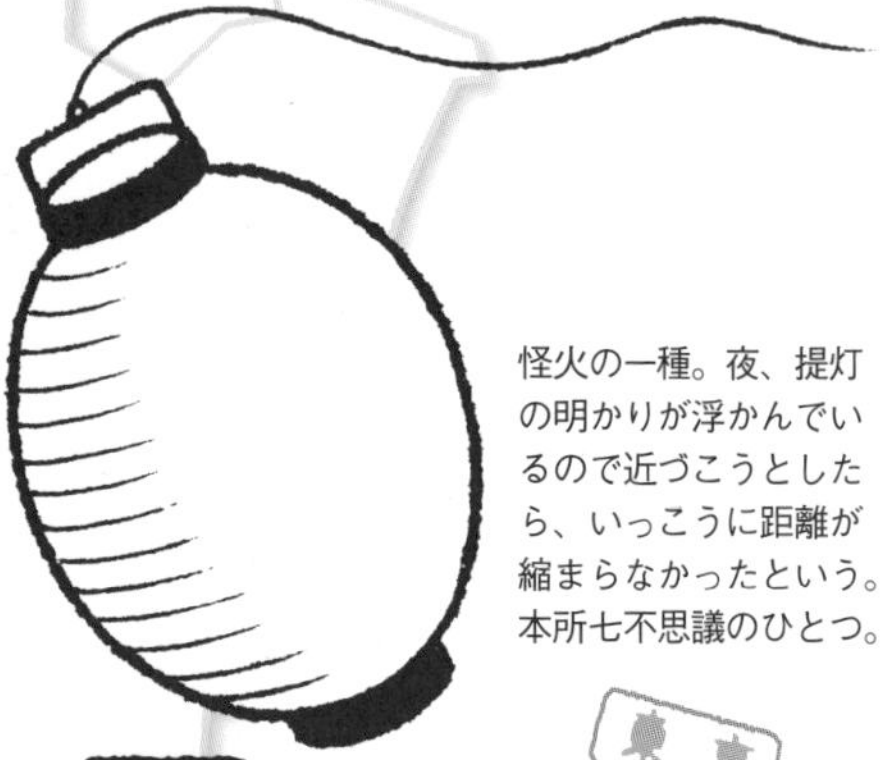

怪火の一種。夜、提灯の明かりが浮かんでいるので近づこうとしたら、いっこうに距離が縮まらなかったという。本所七不思議のひとつ。

東京

妖怪FILE 51

送り提灯
（おくりちょうちん）

東京

妖怪FILE 52

小袖の手
（こそでのて）

小袖（袖口の狭い着物）から、女性の手だけが出る怪異のこと。鳥山石燕は、これは遊女の怨念であると説明している。

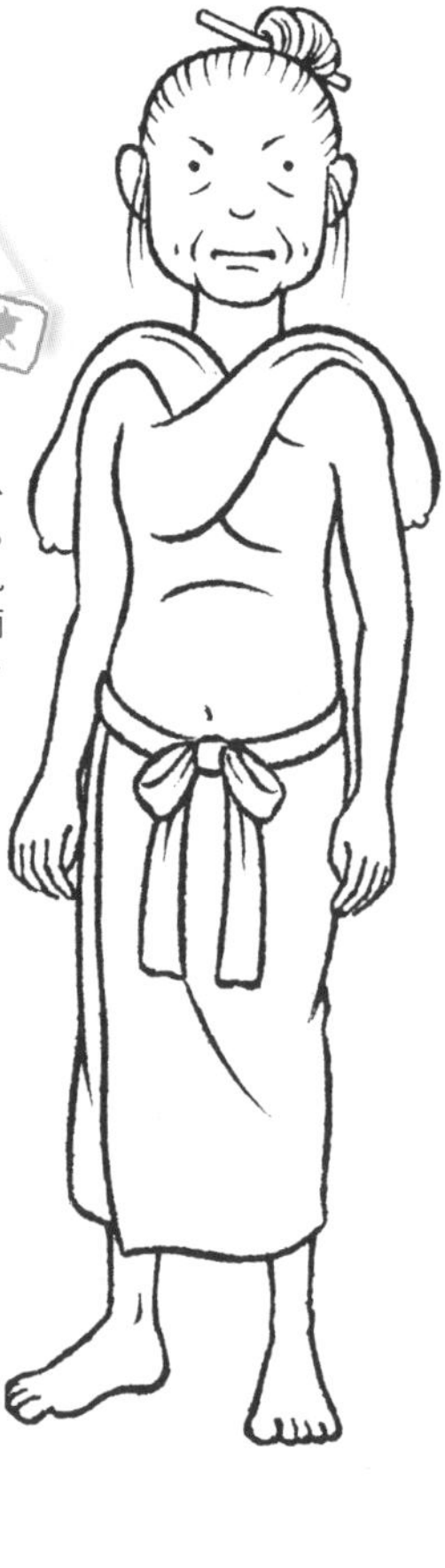

妖怪FILE 53

東京

テッチ

テッジ、テンジとも。八丈島に住む女の妖怪。全身が瘡《かさ》だらけで、乳房をたすきのように両肩にかけている。人を助ける親切な一面も。

妖怪FILE 54

東京

足洗い屋敷
（あしあらいやしき）

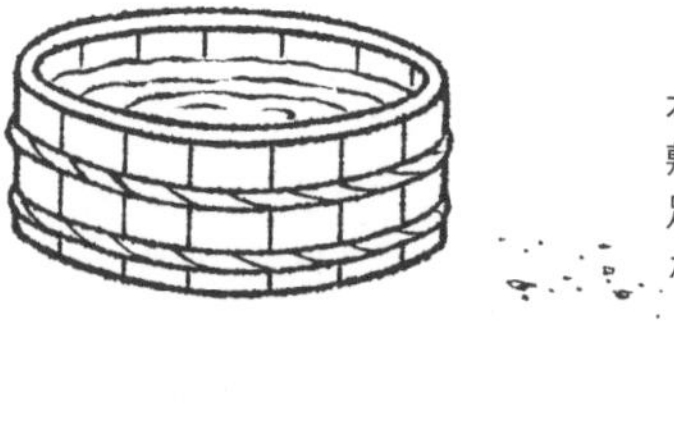

本所七不思議のひとつ。ある旗本屋敷で、夜中に泥や土で汚れた大きな足が天井から出現し「洗え」と訴えたという話がある。

東京

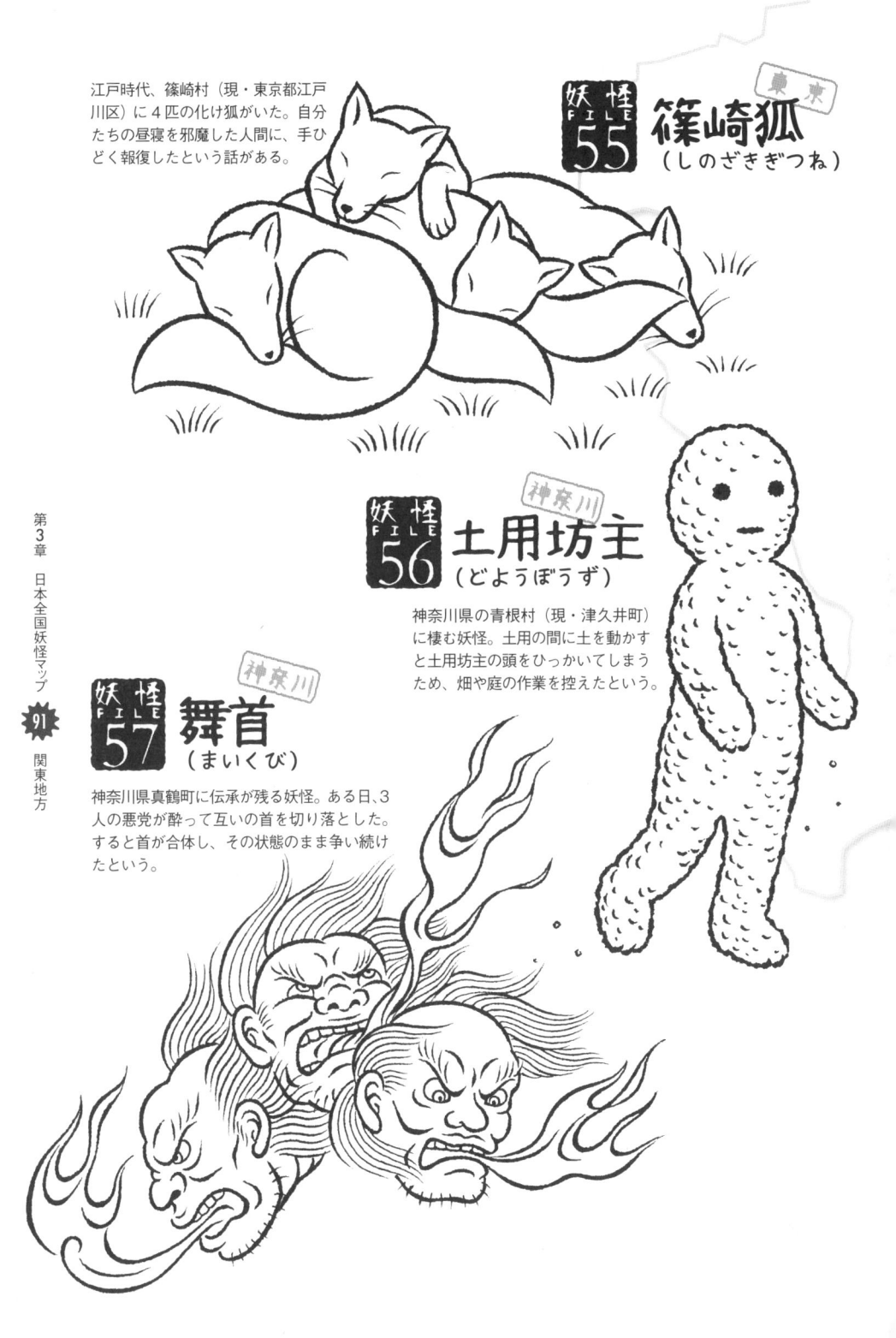

妖怪FILE 55 篠崎狐
（しのざきぎつね）

江戸時代、篠崎村（現・東京都江戸川区）に4匹の化け狐がいた。自分たちの昼寝を邪魔した人間に、手ひどく報復したという話がある。

神奈川

妖怪FILE 56 土用坊主
（どようぼうず）

神奈川県の青根村（現・津久井町）に棲む妖怪。土用の間に土を動かすと土用坊主の頭をひっかいてしまうため、畑や庭の作業を控えたという。

神奈川

妖怪FILE 57 舞首
（まいくび）

神奈川県真鶴町に伝承が残る妖怪。ある日、3人の悪党が酔って互いの首を切り落とした。すると首が合体し、その状態のまま争い続けたという。

中部・東海地方

山

妖怪FILE 58

覚（さとり）

人の心を読む妖怪。大型の猿やヒヒのような姿で描かれることが多い。次々と考えを言い当てる。相手が呆然としているうちに食べてしまう覚もいるという。

山に関する怪異は日本有数の豊富さ

本州の中央部を占める中部地方には、「日本の屋根」と呼ばれる日本アルプスや霊峰・富士がある。そのためだろうか、このエリアには、山の妖怪が少なくない。山中に棲むといわれる覚《さとり》はその代表だろう。覚の名前は、人の心を読み取り、覚る能力があることから。人の考えを次々と言い当て、相手の驚くようすを見て楽しむそうだ。覚に出会った木こりが、覚を無視して仕事を続けていると、偶然、木片がはねて覚に当たった。すると、覚は「人間は覚りきれないことをする」といって逃げ去った——。そんな話も伝わっている。

静岡県掛川市にある小夜の中山峠には、不思議な石がある。その昔、ひ

妖怪FILE 59

福井

若狭の人魚
（わかさのにんぎょ）

福井県で、頭が人に似た珍しい魚が獲れたことがあった。八百比丘尼《やおびくに》という超長寿の尼僧は、娘時代にこの人魚の肉を食べてから、年を取らなくなったという。

とりの妊婦が峠越えの最中に山賊に殺された。妊婦は絶命するが、お腹の切り口から生まれた赤ん坊を心配するあまり、魂が石に乗り移って泣き続けたという。この石は「小夜の中山夜泣き石」と呼ばれ、遠州七不思議のひとつに数えられている。なお、赤ん坊は、石の泣き声に気づいたお坊さんに拾われて大事に育てられ、後年、母の仇《かたき》を討ったそうだ。

　戦国時代に群雄がひしめいたこの地方ならではの妖怪もいる。愛知県に伝わる、人に憑く妖怪おとら狐だ。おとら狐は、織田信長・徳川家康の連合軍と武田勝頼軍がぶつかった長篠の合戦を見物していた際、流れ弾に当たって左目を失ったとか。

　中部・東海地方にはほかにも、それぞれの土地に根付いた妖怪がいる。

妖怪 FILE 60

長野

槌転び

（つちころび）

水木しげる著『妖怪地図』には、旅人が峠を歩いていると、藁《わら》打ち槌《づち》のような形のものが突然追いかけてきて驚かせる、とある。

妖怪 FILE 61

石川

あまめはぎ

能登半島に現れるアマメ（火ダコ）をはぐ妖怪。子どもたちが天狗や猿、鬼の面をつけてあまめはぎに扮し、家々を回る行事を指す場合も。

妖怪 FILE 62

長野

いじゃろころがし

長野県南佐久郡では、荒れたお堂からいじゃろ（ざる）のようなものが転がってきて、人の前に来ると人間の姿になる怪異があったという。

富山

妖怪FILE 63 センポクカンポク

死人が出た家に吊り下げられたむしろにいる妖怪。顔は人間に似ていて、四つ足で、蛙ぐらいの大きさをしているようだ。主に富山県に出没。

石川

妖怪FILE 64 大首（おおくび）

巨大な生首の妖怪。顔は女性であることが多いようだ。江戸時代の随筆集や怪談集には、大首を目撃したという話が多数収録されている。

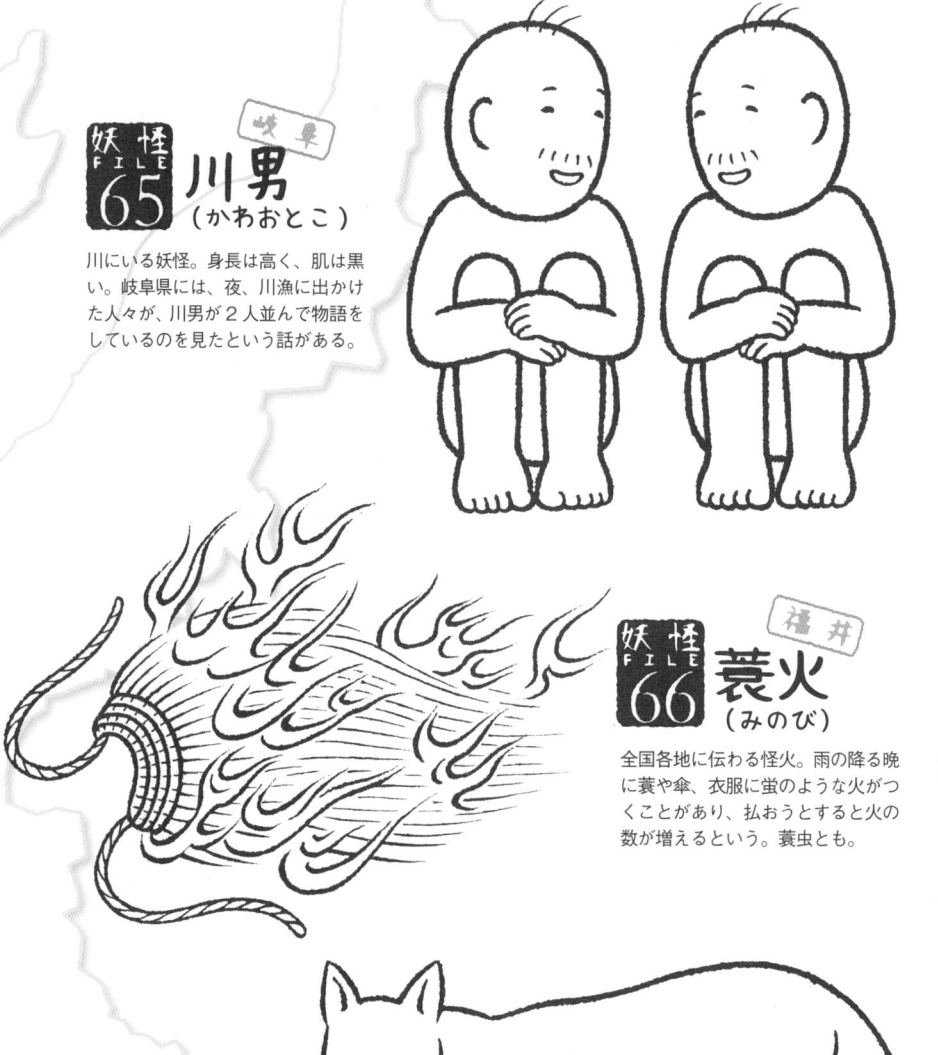

妖怪FILE 65 川男（かわおとこ）

岐阜

川にいる妖怪。身長は高く、肌は黒い。岐阜県には、夜、川漁に出かけた人々が、川男が２人並んで物語をしているのを見たという話がある。

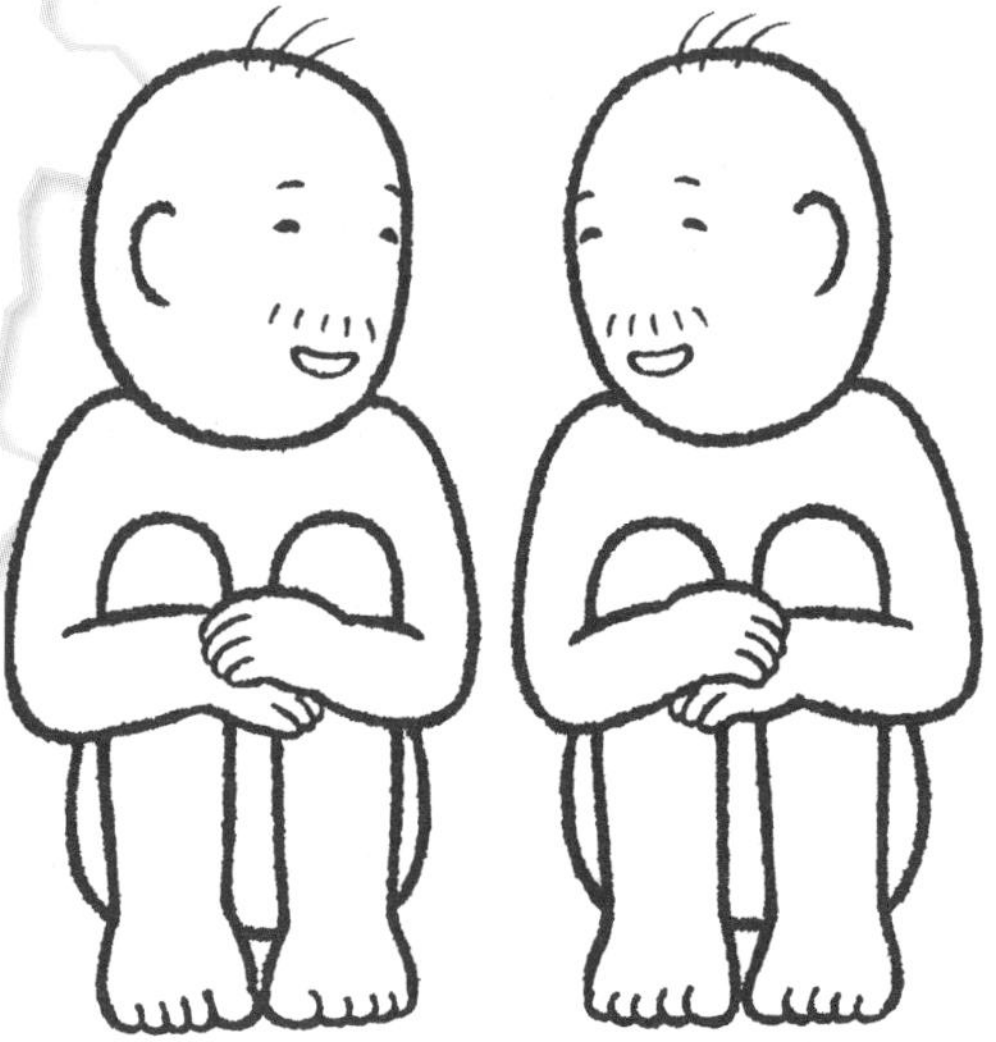

妖怪FILE 66 蓑火（みのび）

福井

全国各地に伝わる怪火。雨の降る晩に蓑や傘、衣服に蛍のような火がつくことがあり、払おうとすると火の数が増えるという。蓑虫とも。

妖怪FILE 67 おとら狐

愛知

人に憑く妖狐。憑かれた人は左目から目やにを出し、左足が痛くなるそうだ。憑いた人の口を借りて長篠の合戦や身の上について語ることも。

山梨

妖怪 FILE 68

蟹坊主
(かにぼうず)

山梨県の長源《ちようげん》寺《じ》には蟹《かに》の妖怪がいて住職たちを襲ったという。旅の僧が退治したところ、甲羅が４ｍ四方もあったとか。

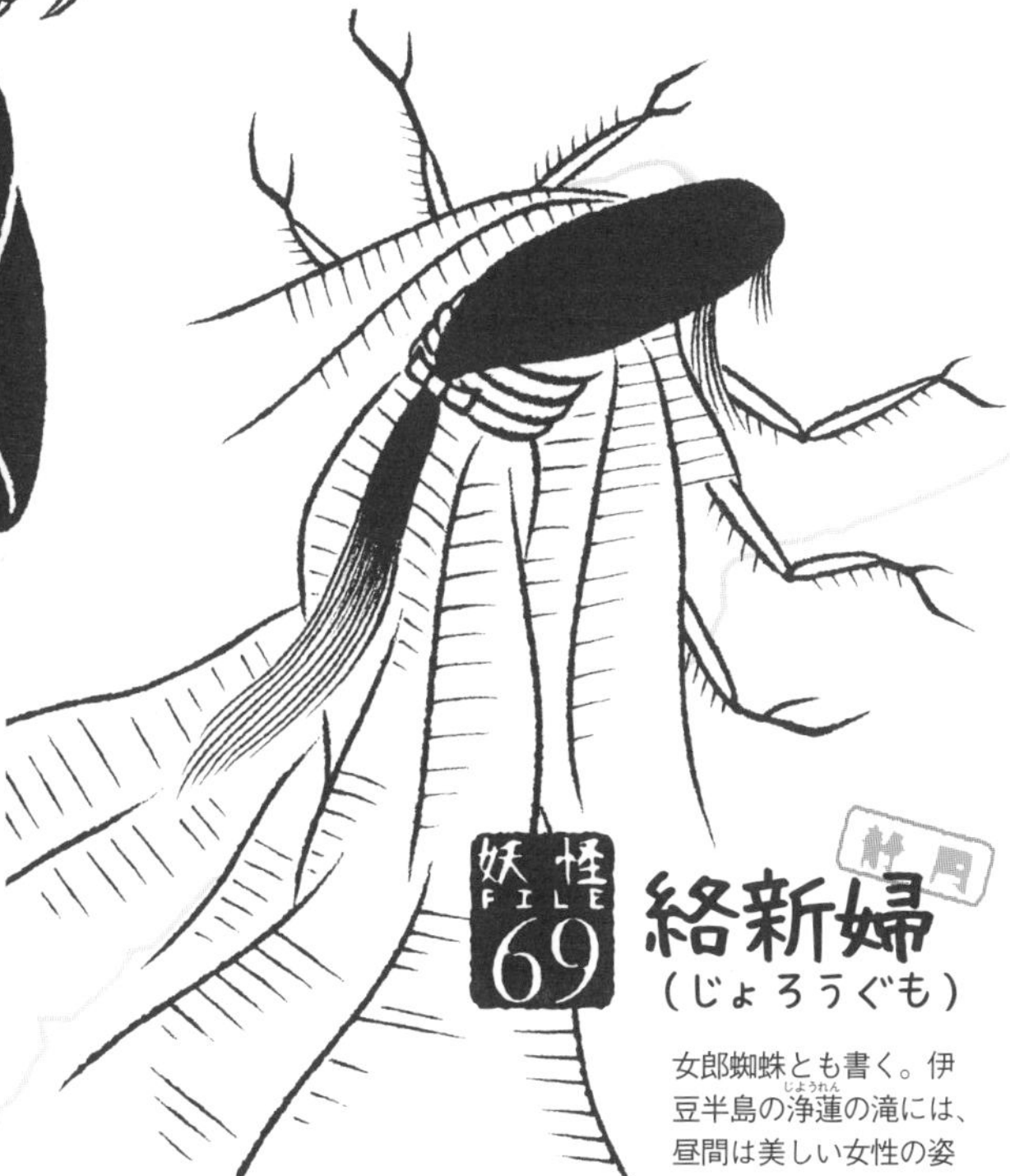

静岡

妖怪 FILE 69

絡新婦
(じょろうぐも)

女郎蜘蛛とも書く。伊豆半島の浄蓮《じようれん》の滝には、昼間は美しい女性の姿をした絡新婦が棲んでいたという伝説がある。

妖怪 FILE 70

静岡

夜泣き石

殺された妊婦の魂が乗り移った石で、夜になると泣いたという。このように夜になると泣き声やうなり声がするという石の怪異は全国にある。

近畿・関西地方

伝統芸能にも登場する
メジャー級が勢揃い

近畿・関西地方は古代から日本の政治・文化の中心だった。かつて都が置かれた奈良、京都、江戸時代には「天下の台所」といわれるほどの商業都市として栄えた大坂――。そんな歴史あるエリアだけに、妖怪もメジャー級が勢揃い。とりわけ、第2章でも紹介した伝説の鬼・酒呑童子と妖狐・葛の葉、そして、葛城山近辺に棲むといわれた土蜘蛛は、それぞれ絵巻や物語集、伝統芸能の題材にもなっているほどだ。

寺院や僧侶にまつわる妖怪も多い。平安時代、三井寺（現・圓城寺《おんじょうじ》）に頼豪阿《らいごうあ》闍梨《じゃり》という僧がいた。ある日、頼豪は、天皇から皇子降誕の祈祷を依頼される。「成功の暁にはどんな褒

滋賀

妖怪FILE 71
鉄鼠
（てっそ）

平安時代の高僧・頼豪阿闍梨の怨念が変化したもの。鼠たちは鉄の牙と石の体をもっていた。頼豪の伝説は栃木県にも伝わっている。

美でも与えよう」という天皇の言葉を信じ頼豪が懸命に祈祷したところ、皇子が誕生。頼豪は報酬に、三井寺での戒壇院（僧侶の証である戒を授ける施設）の建立を願い出た。

しかし、すでに戒壇院をもっていた比叡山《ひえいざん》延暦寺の圧力を恐れた天皇は、これを拒否。怒り狂った頼豪は100日の断食の末に憤死し、その怨霊は鉄鼠《てつそ》という妖怪に変化して、8万4000匹の鼠とともに延暦寺を襲ったという。比叡山のふもとには、延暦寺の僧侶たちが頼豪を祀るために建てた「鼠の秀倉」が今も残り、一方の三井寺には、延暦寺を襲った鼠たちの霊を祀る「ねずみの宮」がある。近畿・関西地方の妖怪たちを知ることは、この地の歴史文化を知ることにもつながるのだ。

滋賀

妖怪FILE 72 油坊（あぶらぼう）

滋賀県に伝わる、夏の夜に現れる火の玉のこと。油を盗んだ罪人の霊魂といわれている。炎のなかに僧が見えるためこの名がついた。

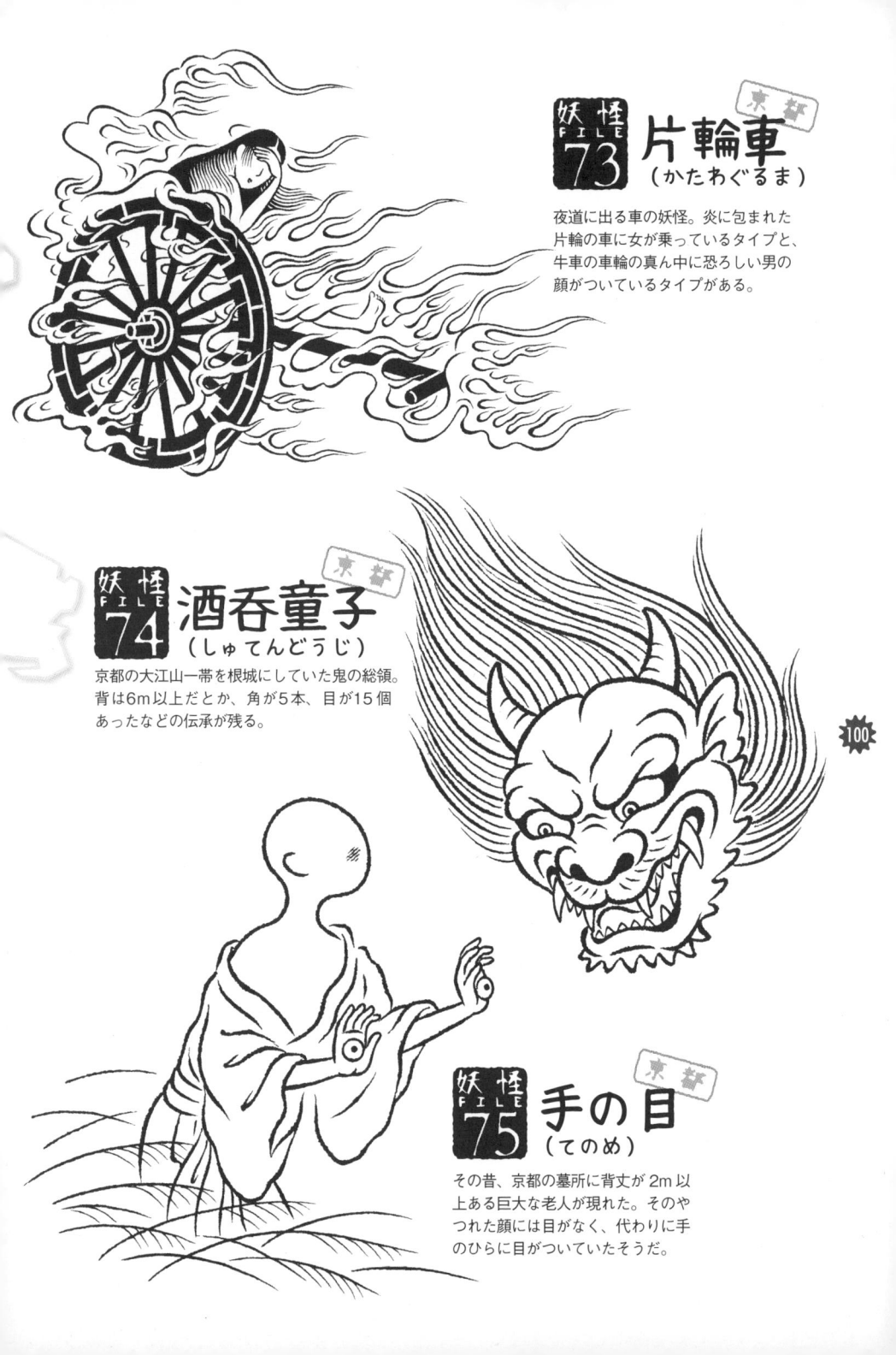

京都

妖怪 FILE 73 片輪車
(かたわぐるま)

夜道に出る車の妖怪。炎に包まれた片輪の車に女が乗っているタイプと、牛車の車輪の真ん中に恐ろしい男の顔がついているタイプがある。

京都

妖怪 FILE 74 酒呑童子
(しゅてんどうじ)

京都の大江山一帯を根城にしていた鬼の総領。背は6m以上だとか、角が5本、目が15個あったなどの伝承が残る。

京都

妖怪 FILE 75 手の目
(てのめ)

その昔、京都の墓所に背丈が 2m 以上ある巨大な老人が現れた。そのやつれた顔には目がなく、代わりに手のひらに目がついていたそうだ。

京都

妖怪 FILE 76 陰摩羅鬼（おんもらき）

新しい死体の気から生じる妖怪。鷺《さぎ》のような姿形で、色は黒く、目は爛々と輝き、鳴き声は人の声のようだという。

大阪

妖怪 FILE 77 土蜘蛛（つちぐも）

人間を食べる、巨大な蜘蛛の妖怪。『平家物語』には、身の丈が 1m 以上あった、とある。酒呑童子と同様、平安時代の武将・源頼光に退治される。

大阪

妖怪 FILE 78 葛の葉（くずのは）

大阪にある信《しの》太《だの》森《もり》神社に伝わる妖狐。美女に化けて阿倍保名と夫婦になり男児を産んだ。その子が安倍晴明だという。

妖怪FILE 79

がごぜ

奈良

奈良県にある元興寺《がんごうじ》の鐘楼に現れたという鬼のこと。江戸時代、子どもを叱る際には「がごぜが来るぞ」と脅したそうだ。

妖怪FILE 80

一本ダタラ

奈良

紀伊半島の山中に現れる、ひとつ目一本足の妖怪。この地方では12月20日を「果ての20日」と呼び、一本ダタラに遭う厄日とされていた。

妖怪FILE 81

べとべとさん

奈良

夜道を歩いていると、後ろから誰かがつけているような足音が聞こえる。しかし、振り向くと誰もいない。この怪異をべとべとさんと呼ぶ。

妖怪FILE 82

カシャンボ

和歌山

和歌山県の熊野地方に伝承が残る、山中に棲む妖怪。河童のようだとも、青い衣をまとい、芥子《けし》坊主頭の子どものような姿をしているともいう。

兵庫

妖怪FILE 83 釣瓶落とし（つるべおとし）

夜、人気のない場所を通ると、木の上から人の頭や釣瓶が落ちてきて、人を驚かすという。人を釣り上げ、食べてしまう場合もある。

三重

妖怪FILE 84 一目連（いちもくれん）

主に三重県でいう暴風の神。水害などの災いが起こるとたちまち現れて民衆を救うと信じられていた。同県には一目連を祀る神社もある。

兵庫

妖怪FILE 85 長壁（おさかべ）

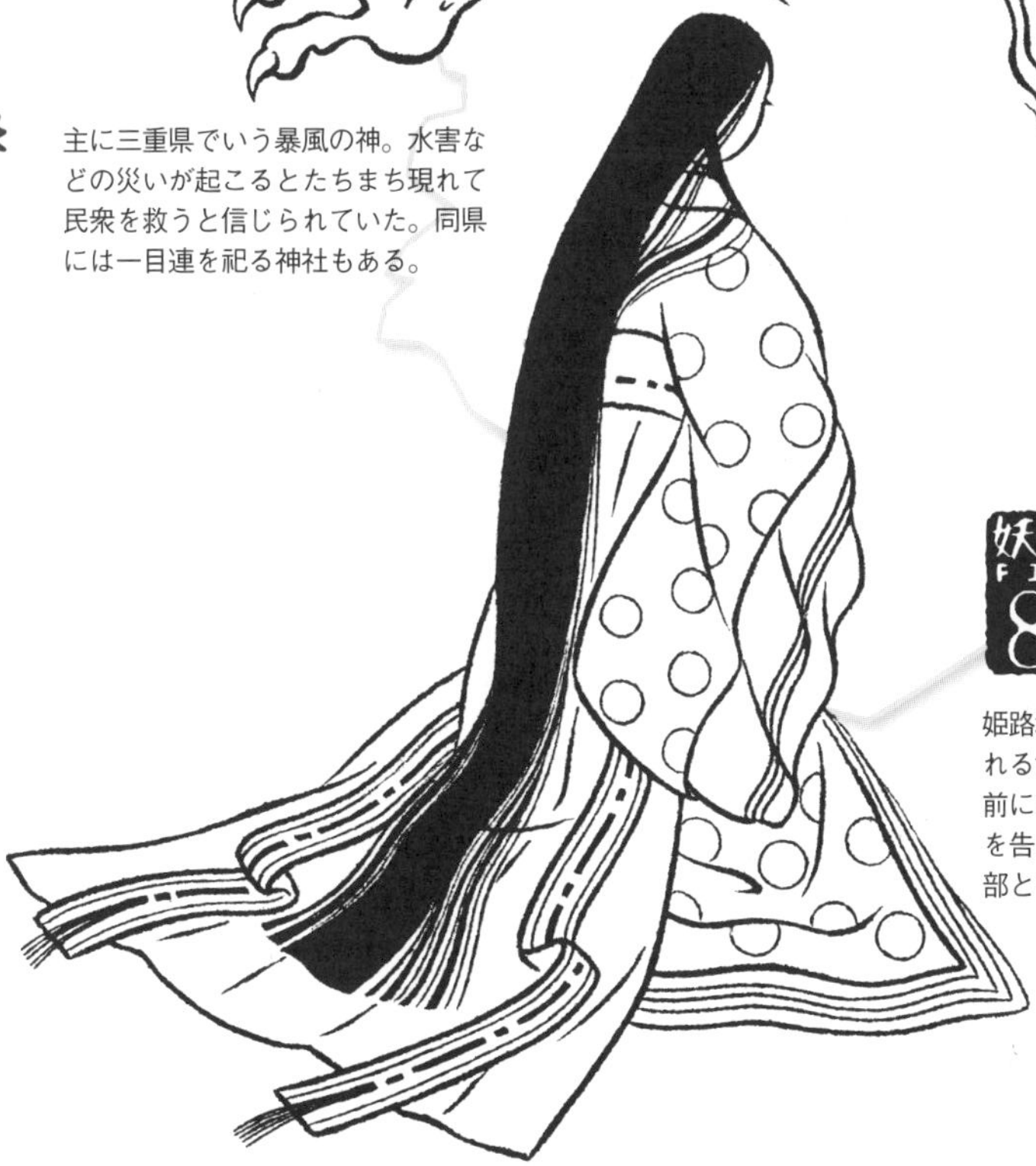

姫路城の天守閣に棲むといわれる女神。年に一度、城主の前にだけ姿を現し、城の運命を告げるという。刑部、小刑部とも書く。

中国・四国地方

妖怪FILE 86

八岐大蛇（やまたのおろち）

島根

大蛇の妖怪。スサノオノミコトが八岐大蛇を退治すると、切り落とした尾からは三種の神器のひとつ・草薙《くさなぎ》の剣が出てきたという。

八岐大蛇から化け狸まで有名妖怪が大集合！

瀬戸内海を挟んで向かい合う中国・四国地方において、古代文化がいち早く発達したのが、大陸と近かった山陰（中国山地の北側）だ。

『古事記』『日本書紀』に登場する八岐大蛇は、そんな山陰エリアの古代文化の象徴といえるだろう。八岐大蛇は、ひとつの体に8つの頭と8つの尾をもち、体長は8つの尾根と谷にわたるとされた怪物。目はホオズキのように赤く、背には苔や檜《ひのき》、杉が生え、腹からは常に血がしたたっていたという。年に一度、出雲の国（現・島根県）の娘をさらって食べていたが、出雲に降り立ったスサノオノミコトによって退治された。

四国地方には化け狸の伝承が多い。

妖怪FILE 87

おとろし

鳥取

毛むくじゃらの頭と牙をもった妖怪。正体不明だが、神社でいたずらをしていると、この妖怪が上から一気に落ちてきて驚かすという。

第2章で紹介した、徳島県小松島市に伝わる金長と六右衛門はその代表。金長と六右衛門が抗争したという伝説をもとに制作された映画『阿波狸合戦』は大ヒットし、ジブリの映画『平成狸合戦ぽんぽこ』にも影響を与えている。また、香川県高松市に伝わる屋島の禿げ狸も有名で、日本三大名狸の一匹といわれている。

ではなぜ、四国地方に化け狸の伝承が多いのか。それは、「弘法大師が、人をだます狐を四国から追放したので四国は狸の天下になった」という言い伝えがあるからに違いない。

ほかに、水木しげる氏原作の漫画・アニメ『ゲゲゲの鬼太郎』の主要キャラクターである子泣きじじいも四国出身。中国・四国地方は、妖怪を語るうえで欠くことはできないのだ。

妖怪 FILE 88

すねこすり

岡山

雨の日に歩いていると、子犬のような姿で現れ、歩いている人の足をこすりながら通って歩行の邪魔をする。岡山県に伝承が多く残る。

妖怪 FILE 89

広島

ヒバゴン

昭和 40 年代に広島県の比《ひ》婆《ば》山周辺で目撃された怪物。人間と同じくらいの身長で顔は逆三角形、目は鋭く、全身が毛に覆われていたそうだ。

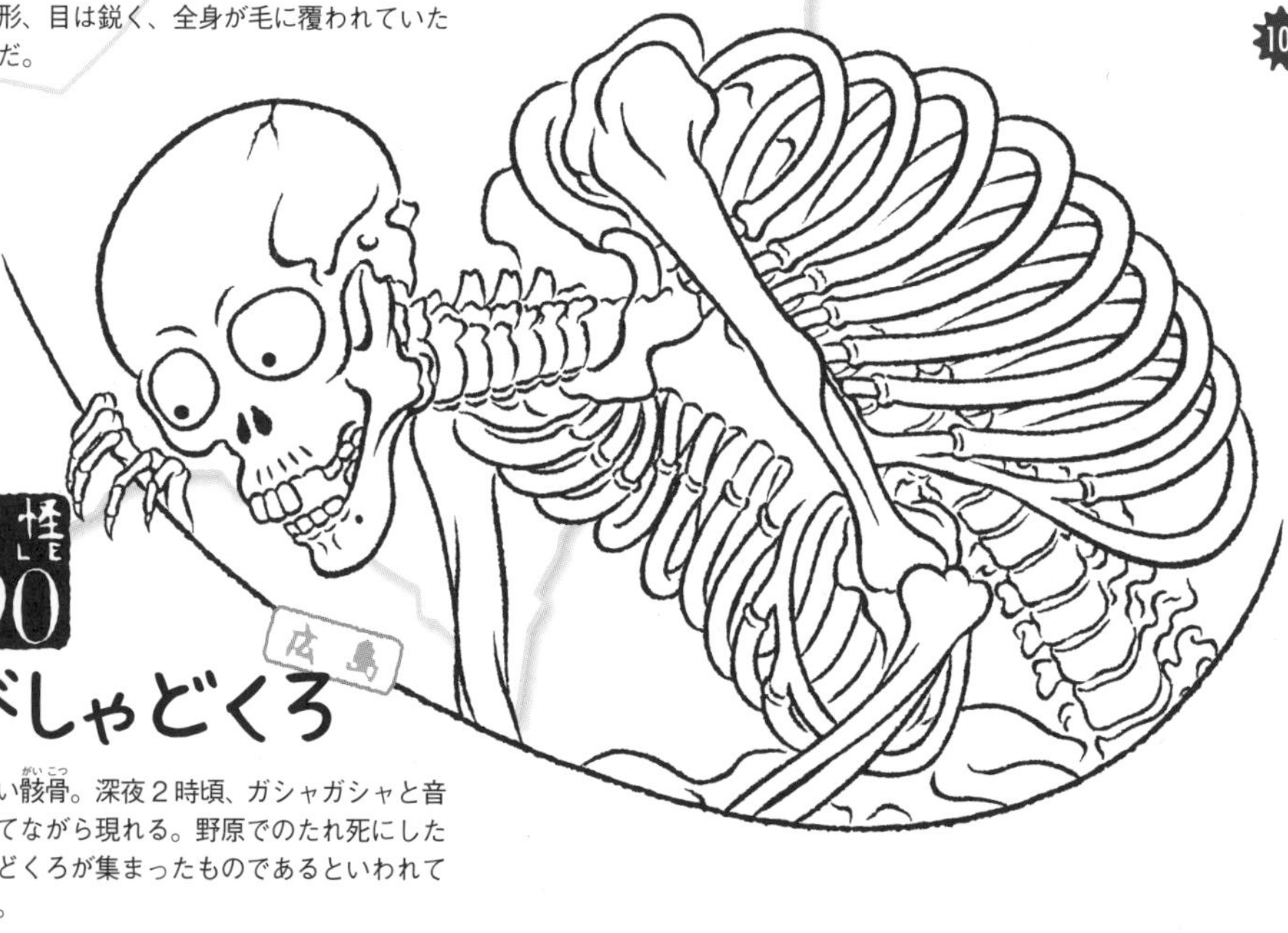

妖怪 FILE 90

広島

がしゃどくろ

人食い骸《がい》骨《こつ》。深夜２時頃、ガシャガシャと音を立てながら現れる。野原でのたれ死にした人のどくろが集まったものであるといわれている。

妖怪FILE 91 牛鬼 （うしおに）

山口

中国・四国地方を中心に各地に伝承が残る、牛と鬼（または土蜘蛛）が合体したような妖怪。淵や滝、海などの水辺に現れては、人や家畜を襲う。

妖怪FILE 92 岸涯小僧 （がんぎこぞう）

山口

毛深い河童のような姿をしていて、魚を捕って食らう。その歯はやすりのように鋭いという。人に危害を与えることはないようだ。

山口

妖怪FILE 93 次第高
（しだいだか）

見越し入道の仲間。見上げれば見上げるほど高くなり、見下げると小さくなる。島根県には見上げると傾斜が増す「しだい坂」という怪異もあった。

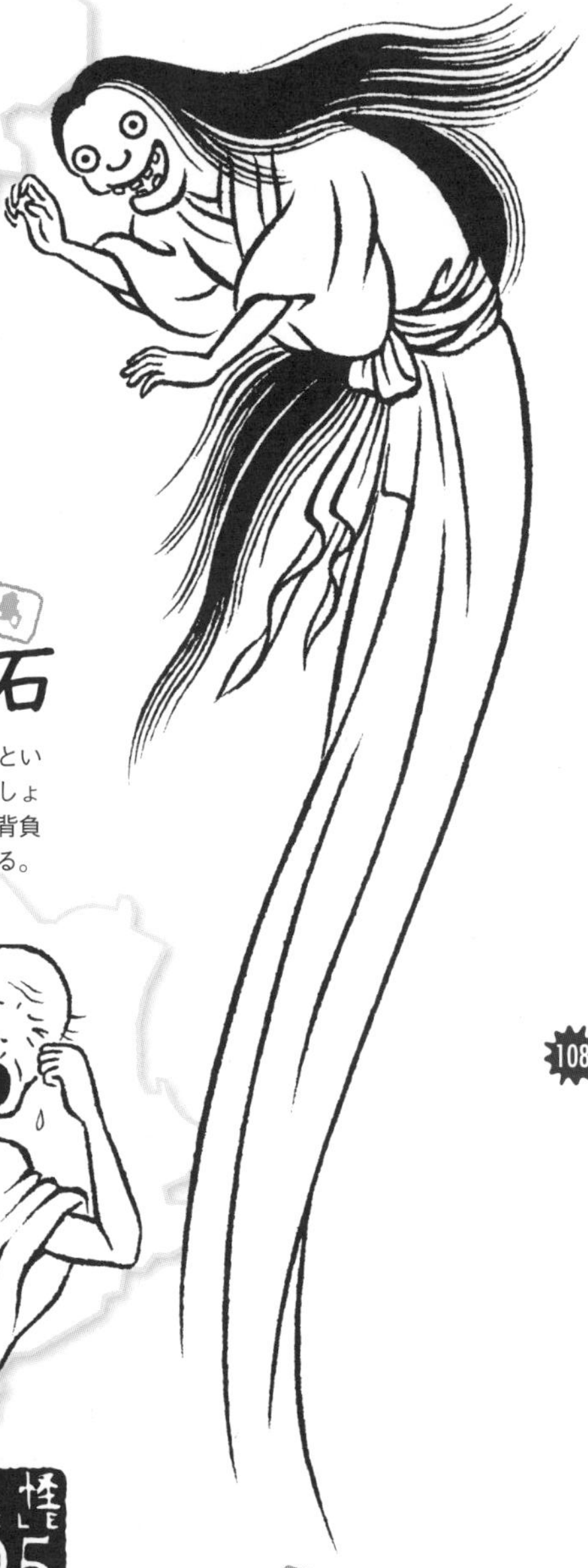

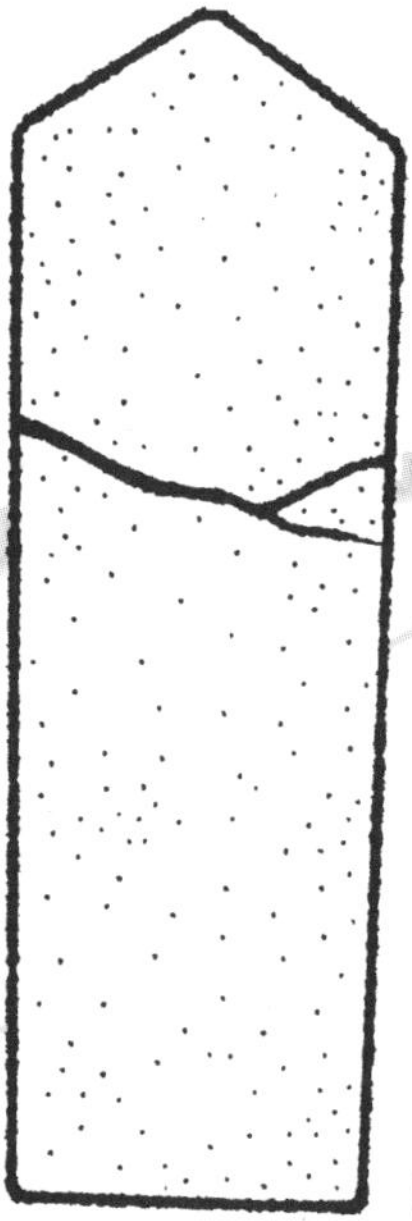

妖怪FILE 94 おっぱしょ石

徳島

徳島県にある、有名な力士の墓といわれる石。夜になると「おっぱしょ（背負ってくれ）」としゃべり、背負うと重くなったという民話がある。

妖怪FILE 95 子泣きじじい

徳島

徳島県では、山道を歩いていると赤ん坊の泣き声が聞こえてくることがあるという。泣き声の主は老人の姿だったり、一本足の怪物だったりする。

妖怪FILE 96 足まがり

香川

香川県を中心に伝わる、足にまとわりついて人の歩行を邪魔する怪異。「手まりのような灰色の毛」「子猫のよう」など、姿はさまざま。

妖怪FILE 97 笑い男

高知

高知県の山中に棲む妖怪。人に出会うと笑い始め、その声は次第に大きくなってやがて山全体に響き渡る。その声は一生忘れられないという。

妖怪FILE 98 犬神（いぬがみ）

愛媛

犬の霊。人や家系に憑き、憑いた人間に恩恵を与えるが、憑いた人間が他人をうらやましいと思うとその相手に災いをもたらす。

九州・沖縄地方

予言したり渡米したり ユニーク度は日本随一

日本の南西に位置する九州・沖縄地方は、南北に多くの島々が連なる自然豊かな土地。そこには、たくさんの妖怪たちが暮らしている。水木しげる原作の漫画・アニメ『ゲゲゲの鬼太郎』でおなじみの一反もめんもぬりかべも、ここ九州の出身だ。

西日本を中心に伝承が残る、件《くだん》という妖怪もいた。件の多くは、顔は人間、体は牛の姿をしていて、天変地異などを予言する。そして、その予言は必ず的中すると信じられていた。宮崎県で生まれた件は「大変なことが起こるので食糧の備蓄をするように」といい、まもなく第二次世界大戦が起こったそうだ。

戦後、アメリカに渡ったといわれ

妖怪 FILE 99 ぬりぼう

長崎

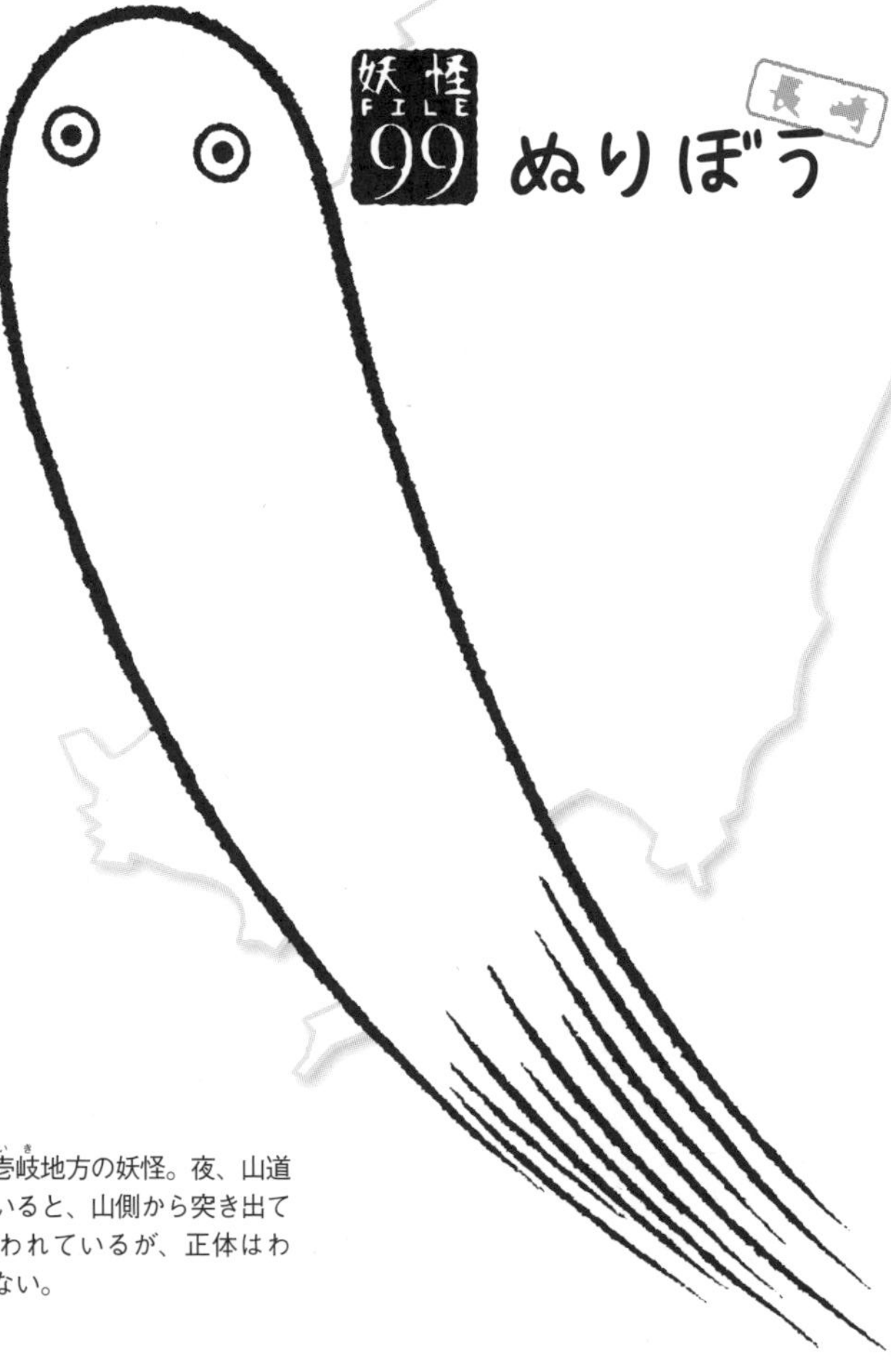

長崎県の壱《い》岐《き》地方の妖怪。夜、山道を歩いていると、山側から突き出てくるといわれているが、正体はわかっていない。

る珍しい妖怪もいる。鹿児島県の奄美諸島に伝わるケンムンだ。

　戦後、ＧＨＱの命令で奄美大島に仮刑務所を建てるために、ケンムンの住処であるガジュマルの木を大量に切り倒すことになった。島民たちは、ケンムンに祟られないよう「これはマッカーサーの命令だぞ」と叫びながら伐採。以来、ケンムンは姿を見せなくなってしまう。その後、アメリカに戻ったマッカーサーの訃報が流れると、島民たちは、「ケンムンがいなくなったのは、アメリカに渡ってマッカーサーを祟っていたからだ」と噂し合ったという。

　沖縄にも、ケンムンとよく似たキジムンという木の精霊がいる。観光地として人気の九州・沖縄地方は、妖怪の間でも人気なのかもしれない。

妖怪FILE 100 宮崎

件（くだん）

人面牛身の妖怪。生まれるとすぐに災害などを予言し、数日で死んでしまう。その姿を描いた絵を家の中に貼ると厄除けになるともいわれた。

妖怪 FILE 101 不知火（しらぬい）

熊本

旧暦８月１日頃の月のない夜、八代《やつしろ》海に現れる無数の赤い光のこと。奈良時代に成立した『日本書紀』にも記述がある。

妖怪 FILE 102 油すまし

熊本

熊本県の草隅越《くさずみごえ》（現・草積峠）という峠にいる妖怪。昔、この峠で油すましの話をすると、「今も出るぞ！」といって姿を現したという。

妖怪 FILE 103 磯女（いそおんな）

長崎

上半身は人間の女性の体で、下半身は幽霊のようにぼやけている。九州地方の磯や海辺に出没し、髪で人間の生き血を吸うと信じられていた。

妖怪FILE 104 ケンムン

鹿児島

赤毛のおかっぱ頭で、体は人間の子どもくらい、全身に毛が生えている。河童のように、人間と相撲をとったり、魚をくれたりするそうだ。頭に皿があるものもいる。

妖怪FILE 105 天降女（あもれおなぐ）

鹿児島

鹿児島県奄美大島に伝わる天女。羽衣天女とよく似た民話が多いが、人間の男を誘惑する、天降女が勧める柄杓の水を飲むと死ぬ、などの話もある。

妖怪FILE 106

宮崎

豆狸（まめだぬき）

化け狸の一種。名前の由来は、猫や子犬と同じくらいの大きさであることから。陰嚢《いんのう》を広げて座敷に見せるなど、よく人を化かす。

妖怪FILE 107

佐賀

ひょうすべ

鎌倉時代につくられた呪法で動く人形が河童となったもの。人に害を与えていたが、兵部《ひょうぶ》という役人に鎮められたためこの名がついたとか。

妖怪FILE 108

大分

せこ

九州の一部に伝わる妖怪で、河童の仲間とされる。姿については諸説あり、猫に似ている、ひとつ目の子どもの姿をしている、などの伝承がある。

妖怪 FILE 109

長崎

磯なで

佐賀県、長崎県の沖に出没した、フカに似た大魚。鉄のような刺針が逆さに生えた尾をもち、その尾で船の乗員をなでるようにして、海に落として食べるという。

妖怪 FILE 110

沖縄

ガーナー森

（がーなーもり）

那覇市の漫《まん》湖《こ》のほとりにある小高い丘のこと。昔は漫湖を自由に動き回り、人を襲ったという。その後、土地の神に動きを封じられた。

妖怪 FILE 111

沖縄

キジムン

キジムナーとも。子どもの姿をしていて、顔も髪も赤い。仲良くなると山仕事などを手伝ってくれるが、いたずらをすることもある。

まだいる！ こんな妖怪たち②

世界遺産とかかわりのある妖怪たち

第３章で紹介した**長壁**《おさかべ》（長壁姫）は、世界遺産の姫路城に棲んでいる。また、妖怪・**がごぜ**が現れた奈良の元興寺《がんごうじ》や、**鉄鼠**に襲われた比叡山延暦寺も世界遺産だ。このように、世界遺産とゆかりの深い妖怪はほかにもいる。

たとえば、2013 年に世界遺産に登録された富士山は、**大太法師**《だいたいほうし》（**ダイダラボッチ**とも）という巨人が、近江《おうみ》（現・滋賀県）の土を掘ってつくったという話がある。このとき大太法師が掘った跡が、琵琶湖になったとか。

サッカー日本代表のエンブレムに採用されている３本足のカラス・**八**《や》**咫烏**《たがらす》も、2004 年に世界遺産に認定された熊野地方と深いかかわりがある。日本神話によれば、神武天皇が東征の途中で道に迷われた際、天上より派遣されて熊野から大和へと道案内をしたのが、この八咫烏だという。

あの言葉は、実は妖怪の名前だった!

普段何気なく使っている言葉が、実は妖怪の名前だったりすることもある。「**送り狼**《おおかみ》」はその好例。現代では、送り狼といえば、親切そうに家まで送るとみせかけて、すきがあれば乱暴しようとたくらむ男性を意味するが、送り狼という名の妖怪がいる。

各地に残る伝承によれば、送り狼とは、その名のとおり、夜の山道を歩いているとついてくる狼のこと。ただ人を送ることもあれば、頭上を飛び越えながら砂をかけて人を転ばせたり、転倒したところに食いついたりすることもあるという。なお、狼に送られて無事に帰着した際は、お礼を述べる、もしくは狼の好物とされた塩や小豆を与えるといいそうだ。

山や谷で大声を出したり、大きな音を立てたりしたときに起こる反響、つまりは「**やまびこ**」も、妖怪の名前である。昔の人たちは、自分が出した声や音が再び聞こえるのは、山の精または山に棲む妖怪が声や音をまねしているのだと考えた。そして、山の精または山に棲む妖怪を、やまびこ（山彦、幽谷響などと書く）と呼んだのだ。

意外なところでは、化粧品ブランド「ケサランパサラン」のブランド名は、1970 年代に全国的なブームとなった**ケサランパサラン**という不思議な生物に由来している。この妖怪は、白い綿毛もしくは毛玉のような外見をしていて、もち主に幸せを運ぶという。

資料

妖怪と日本人

資料

妖怪文化を支えた絵画

妖怪画の新潮流を生んだ江戸時代の浮世絵師たち

鬼や化け物、幻獣を描いた絵画は、平安時代末期にはすでに存在した。その後、妖怪の出現から退治までを主題にした妖怪絵巻が登場する。

そして、室町時代には、鬼をはじめとする異形のものたちが町を練り歩く「百鬼夜行」を描いた絵巻が盛んに制作されるようになる。絵師・土佐光信作と伝わる『百鬼夜行絵巻』（大徳寺真珠庵所蔵）は、数ある百鬼夜行図の最古であり、代表作。そこには、お釜や五徳などの古道具が妖怪化した付喪神が鬼とともに賑やかに行進する様が、色鮮やかに描かれている。

江戸時代に入ると、妖怪を1体ずつ紹介する図鑑形式の妖怪画が多数登場。その筆頭が鳥山石燕の『画図百鬼夜行』だ。石燕はその後、『今昔画図続百鬼』『今昔画図続百鬼拾遺』『百器徒然袋《ひやっきつれづれぶくろ》』を刊行。単に怖いだけでなく、どこか愛嬌を感じさせる筆致で描かれた妖怪たちは、当時の人々を魅了したのはもちろん、日本の妖怪像の原型として後世の表現者たちに多大な影響を与えた。

石燕の作品とともに江戸時代の妖怪人気を支えたのが錦絵だ。錦絵とは、多色刷りの木版画のこと。葛飾《かつしか》北斎《ほくさい》、歌川国芳《うたがわくによし》、月岡芳年《つきおかほうねん》、河鍋暁斎《かわなべきょうさい》といった著名な絵師たちがこぞって妖怪画を手がけ、多くの名作を残している。しかし、大正から昭和にかけて妖怪画は衰退。再び脚光を浴びるのは、戦後、水木しげる氏の『ゲゲゲの鬼太郎』が発表されてからだ。

江戸時代の主な妖怪絵師

鳥山石燕

江戸後期の画家。『画図百鬼夜行』に始まる妖怪図鑑シリーズで、自身が創作した妖怪を含む古今東西の妖怪を150種紹介し、その後の妖怪文化に多大な影響を与えた。なお、石燕の『画図百鬼夜行』はすべて単色刷り。

葛飾北斎

江戸後期の浮世絵師。代表作『富嶽三十六景』で知られ、国内はもとより海外の画家にも影響を与えた。一方で、スケッチ画集『北斎漫画』や怪談の世界を描いた『百物語』シリーズなどで、妖怪画も多く手がけている。

月岡芳年

幕末〜明治前期の画家。江戸後期の浮世絵師・歌川国芳に浮世絵を学び、妖怪をモチーフとした浮世絵を多数残している。血なまぐさい作品が多いことから「血みどろ絵師」とも呼ばれ、発禁となった妖怪画もある。

資料

巨匠・水木しげるの世界

昭和の妖怪ブームは『鬼太郎』から始まった

妖怪が活躍する漫画といえば、巨匠・水木しげる氏の代表作『ゲゲゲの鬼太郎』を真っ先に思い浮かべる人が多いのではないだろうか。

水木氏は、貸本漫画家時代に『墓場鬼太郎』を発表。その後、1960年代後半に貸本業界が衰退すると、週刊少年漫画雑誌で『墓場の鬼太郎』の連載を開始する。しかし、『墓場』シリーズは怪奇色が強く、主人公である鬼太郎は妖怪退治をしたり、人間の味方をしたりもしない。そのため、人気はあまり出なかったという。

そこで、鬼太郎を中心とする善良な妖怪たちが、人間に危害を与える妖怪たちと戦うという設定に変更したところ大ヒット。アニメ化にともない『ゲゲゲの鬼太郎』に改題されたあとは映画化もされるなど、国民的妖怪漫画としての地位を築いた。また、『ゲゲゲの鬼太郎』のブレークのおかげで妖怪は市民権を獲得。大勢の漫画家たちが妖怪漫画を手がけるようになり、昭和の第1次妖怪ブームのきっかけをつくった。

なお、水木作品に登場する妖怪は、

1．鳥山石燕の妖怪画集などの史料や、蒐集《しゅうしゅう》した伝承を参考にしたもの

2．砂かけばばあやぬりかべのように、もともとは姿形がなかった妖怪を独自に創作したもの

3．水木氏が完全に創作したもの

の3つに大別できる。水木氏は、漫画だけでなく、1～3の妖怪たちを網羅した解説本も多数執筆。妖怪の魅力を精力的に伝え続けている。

『ゲゲゲの鬼太郎』のキャラクターたち

鬼太郎

主人公。幽霊族の生き残りで、髪の毛針、ちゃんちゃんこ、リモコンゲタなどを使って悪い妖怪たちと戦う。

ねずみ男

半妖怪。本人いわく鬼太郎の親友。しかし、金や美女などに目がくらんで鬼太郎を裏切ったことは数え切れない。

目玉おやじ

鬼太郎の実父。妖怪の歴史や知識にとても詳しく、また、顔も広い。入浴が大好きで、茶碗風呂によく入っている。

砂かけばばあ

奈良県の竹やぶに棲む。砂をパラパラと巻いて人を驚かす妖怪だが、鬼太郎にとっては母親代わりの優しいお婆さん。

ねこ娘

鬼太郎の友人。一見すると人間の女の子だが、敵と戦う際は妖怪の本性を現し、鋭い爪などで攻撃する。

資料

現代の妖怪たち

対立から共存へ 妖怪との関係が変化

『ゲゲゲの鬼太郎』をはじめとする昭和の第1次妖怪ブームに生まれた作品の多くは、妖怪退治や、怪異の原因解明に主眼が置かれていた。また、妖怪は異界からやって来るものであり、事件が解決すれば、再び異界に帰って行くという設定も、おおむね共通している。

ところが、1990年代になって妖怪漫画や小説の方向性に変化が生まれる。妖怪は外部の存在ではなく、私たち人間と同じ世界に暮らす、いわば隣人として描かれるようになったのだ。妖怪が人間の仲間や親友になったり、恋愛や〝萌《も》え〟の対象になったりする――。これが、1990年代以降の妖怪作品の特徴といえるだろう。漫画『うしおととら』や小説『しゃばけ』シリーズはその代表。両作品とも、人間と妖怪が行動をともにするなかで絆を深めていくようすを描いている。

近年、妖怪が登場するゲームも増えている。特に、2013〜2015年現在、小学生たちの間で爆発的な人気を博しているのが『妖怪ウォッチ』だ。

「妖怪ウォッチ」はクロスメディア展開を前提として企画・制作が行われ、ゲーム・アニメ・漫画・おもちゃなどの相乗効果で社会現象的な人気となっている。

これからも妖怪たちは、時代の潮流に合わせて変化・進化を遂げながら、さまざまな作品のなかで生き続けていくに違いない。

小説

「陰陽師」

陰陽師・安倍晴明と笛の名手・源博雅が活躍する人気時代小説。岡野玲子氏によって漫画化もされた。

「百鬼夜行」

古書店主であり陰陽師でもある主人公の京極堂（中禅寺秋彦）が、戦後の日本を舞台に怪奇事件の謎を解明する。

「しゃばけ」

舞台は江戸。病弱な若旦那と妖怪たちが協力し、江戸に起こるさまざまな事件を解決する。イラストは柴田ゆう氏。

マンガ

「ぬらりひょんの孫」

妖怪の総大将・ぬらりひょんの孫である中学生のリクオは、味方の妖怪を率いて敵対する妖怪たちと戦う。

「夏目友人帳」

妖怪たちとの契約書「友人帳」を手に入れた夏目と、用心棒のニャンコ先生をはじめとする妖怪たちの交流を描く。

「うしおととら」

500年間封印されていた大妖怪とらと、その封印を解いてしまった潮が、妖怪たちと戦いながら絆を深めていく。

ゲーム

21世紀の妖怪たちは RPGゲームでも大人気!

小学5年生のケータは自称・妖怪執事のウィスパーに渡された妖怪ウォッチを使って、妖怪がらみの事件の解決に挑む。70～80年代の話題がパロディとして出てきたり、ダジャレがあったりと、大人も笑える内容になっている。

左はジバニャン。車にひかれて地縛霊になった猫の妖怪で、ケータの家に居候している。右は神社のこま犬に取り憑いていた妖怪コマさん。この愛らしい姿形も人気の理由のひとつ。

主な妖怪さくいん

あ

か

さ

は

ま

や

ら

わ

【参考文献】
『別冊宝島2225 日本の妖怪〜妖怪でひもとく日本の歴史と文化』
小松和彦・飯倉義之（監修）／宝島社
『妖怪学の基礎知識』小松和彦（編著）／角川学芸出版
『異界と日本人―絵物語の想像力』小松和彦（著）／角川書店
『日本怪異妖怪大事典』小松和彦（監修）、常光徹・山田奨治・
飯倉義之（編集）／東京堂出版
『妖怪学新考―妖怪からみる日本人の心』小松和彦（著）／洋泉社
『日本妖怪学大全』小松和彦（編集）／小学館
『怪しくゆかいな妖怪穴』村上健司著／毎日新聞社
『日本妖怪大事典』水木しげる（画）、村上健司（編著）／角川書店
『妖怪画本・狂歌百物語』
京極夏彦（著）、多田克己（編）／国書刊行会
『妖怪文化入門』小松和彦（著）／せりか書房
『図説 地図とあらすじで読む 日本の妖怪伝説』
志村有弘（監修）／青春出版社
『図解 日本全国 おもしろ妖怪列伝』山下昌也（著）／講談社
『鬼・妖怪（ふるさとの伝説四）』宮田登（編集）／ぎょうせい
『江戸の化物――草双紙の人気者たち』
アダム・カバット（著）／岩波書店
『江戸化物草紙』アダム・カバット（編集）／小学館
『大江戸化物細見』アダム・カバット（編集）／小学館

小松和彦（こまつ・かずひこ）

1947年東京生まれ。国際日本文化研究所センター所長。埼玉大学教養学部教養学科卒業。東京都立大学大学院社会科学研究科博士課程単位取得退学。専門は文化人類学・民俗学。著書に『憑霊信仰論』『日本妖怪異聞録』（ともに講談社学術文学庫）、『異人論』『悪霊論』（ともにちくま学芸文庫）、『百鬼夜行絵巻の謎』（集英社新書ヴィジュアル版）、『いざなぎ流の研究』（角川学芸出版）など多数。

柴田ゆう（しばた・ゆう）

愛知県出身。イラストレーター。主な装画作品に畠中恵『しゃばけ』シリーズ、井川香四郎『樽屋三四郎言上帳』シリーズ、松村栄子『雨にもまけず粗茶一服』シリーズなど。2013年には作画を担当した絵本『フルーツがきる！』（林木林作）が出版された。

装幀	石川直美（カメガイ デザイン オフィス）
デザイン・DTP	尾山叔子
執筆協力	小川裕子
編集協力	佐藤友美（ヴュー企画）
編集	鈴木恵美（幻冬舎）

知識ゼロからの妖怪入門

2015年7月25日　第1刷発行

著　者　小松和彦
発行人　見城 徹
編集人　福島広司

発行所　株式会社　幻冬舎
〒151-0051　東京都渋谷区千駄ヶ谷 4-9-7
電話　03-5411-6211（編集）　03-5411-6222（営業）
振替　00120-8-767643
印刷・製本所　中央精版印刷株式会社

検印廃止

ISBN978-4-344-90299-2 C2095
Printed in Japan
幻冬舎ホームページアドレス　http://www.gentosha.co.jp/
この本に関するご意見・ご感想をメールでお寄せいただく場合は、comment@gentosha.co.jp まで。